中川一史 編著
北海道教育大学附属函館中学校 編著

1人1台端末活用の

BYOD
BRING YOUR OWN DEVICE

BYAD
BRING YOUR ASSIGNED DEVICE

入門

ミライを変える!

明治図書

はじめに

端末活用は，この数年間，飛躍的に進んだ。それも，１人１台の端末が，個々の児童生徒のもとにやってきたからである。このことは，単に児童生徒１人１台端末環境の整備という物理的な話にとどまらず，これまでの授業方法，教科書の位置付け，教師の役割，学校の在り方，児童生徒にとってのツールとの関わりなどを再考・再構築するきっかけになる可能性がある。

ただし，いつまでも自治体が整備を続けられるかといえば，難しいと筆者は考える。そして，１人１台端末活用の行き着く先ともいえるBYOD／BYAD。本書は，全国に先駆けて実践が進む北海道教育大学附属函館中学校の取組をもとに，その活用法を提案するとともに，学校のミライの端末活用の在り方を探る１冊になっている。同時に，本書は，北海道教育大学附属函館中学校の実践の成果である。また，チーム函館中で本書に関わったその意味は大きい。

本書は，３つのCHAPTERで構成されている。CHAPTER１は，「BYOD／BYADとその環境づくり」として本校の経緯が書かれている。CHAPTER２は文字通り，「BYOD／BYADの実践事例」について各教科や特別活動などについて書かれている。そして，CHAPTER３は，「BYOD／BYADをめぐる状況」として，本校に限らず，１人１台端末環境の現状から，今後多くの学校，自治体で検討すべき，端末環境に関して書かれている。

本書が，Next GIGAへ進む，すべての教員，学校，自治体の参考となることを切に願っている。

2023年６月

放送大学教授　中川一史

CONTENTS
目次

CHAPTER 3

CHAPTER 1
BYOD／BYADとその環境づくり

北海道教育大学附属中学校では，2013年度から１人１台端末環境を整えて生徒の端末の持ち帰りを実施し，2017年度からはBYOD／BYADの取組を進めている。この間，何をどのように整えれば，学校の教育活動になじむのかを全教職員で試行錯誤しながら歩んできた。

（黒田　諭）

1

BYOD／BYAD とは

1 BYOD／BYAD の考え方

BYOD／BYAD は Bring your own device/Bring your assigned device の頭文字をとったものであり，自らが所持している情報端末を持ち込む／企業や学校等の組織が斡旋した情報端末を私費購入し持ち込むという意味である。教育の現場において，BYOD という言葉が広まったのは，ここ4，5年であると認識しているが，一般企業では，自分が所有しているコンピュータやスマートフォンなどの情報端末を社内に持ち込み使用することは10年ほど前から取り組まれている。しかし，諸外国に比べ日本での BYOD の普及率は低く，2018年３月に出された調査(1)では日本では約10％に対し，米国，英国，ドイツでは約25～30％の企業が BYOD を許可している現状である。このような数値である理由として，セキュリティの面やコンプライアンスの観点から多くの企業が不安を感じているからである。しかし現在，スマートフォンなどの小型の情報端末の普及率の上昇や，新型コロナウイルス感染症（COVID-19）の流行，働き方改革による社会情勢の変化により，BYOD の考えは再注目されてきている(2)。

2019年に開始された GIGA スクール構想により，全国の小中学校において児童・生徒１人に１台の情報端末とネットワークの整備が進められ，2020～2021年度より各学校での利活用が進められてきた。高等学校においても，2022年度より新学習指導要領の実施がスタートし，その主旨である個別最適な学びと，協働的な学びを一体的に充実するために，「ICT 環境整備・活用の充実」が掲げられている(3)。2022年１月に出された文部科学大臣・デジタル大臣からのメッセージには「現在，全ての都道府県において，１人１台端末の環境を整備するという方向と承知しておりますが，自治体が公費で整備したり，保護者にご購入いただく場合に負担軽減のための補助を行ったりするなど，その整備方針は様々です」[(4)]とあるように，それぞれの自治体に任された形となっており，後者にある「保護者にご購入いただく場合に負担軽減のための補助を行ったりする」という形式がBYOD／BYADである。小中学校においては，先述のようにGIGAスクール構想により，国からの支援を受ける形で地方自治体が１人１台端末の環境整備を行ったため，BYOD／BYADの考え方は不必要なもののように感じる。しかし，整備された情報端末の使用限界は長くて４～５年と考えられ，2020年度に端末が導入されたとすれば，2025年度には使用限界がくることが予想される。そういったアフターGIGAを想定したとき，教育現場においてもBYOD／BYADという考え方が，今後の学校教育の質的維持に必要であると筆者は考える。

（金子智和）

【引用文献・参考文献】

(1)株式会社三菱総合研究所（2018）「ICTによるイノベーションと新たなエコノミー形成に関する調査研究」
https://www.soumu.go.jp/johotsusintokei/linkdata/h30_02_houkoku.pdf

(2)岩本隆（2018）「霞が関の働き方改革に向けて～ICTを活用した長時間労働是正と生産性向上～」
https://www.j-paa.or.jp/wp/wp-content/uploads/2019/02/霞が関の働き方改革に向けて～ICTを活用した長時間労働是正と生産性向上～-1.pdf

(3)文部科学省（2022）「高等学校等の新学習指導要領のスタートを契機とするこれからの高等学校教育について（全ての高等学校教育関係者の皆様へ，文部科学大臣からのメッセージ）」
https://www.mext.go.jp/b_menu/daijin/detail/mext_00252.html

(4)文部科学省（2022）「高等学校における１人１台端末の環境整備について」
https://www.mext.go.jp/a_menu/shotou/zyouhou/detail/mext_01773.html

2

BYOD／BYAD の環境づくり

1 北海道教育大学附属函館中学校の情報端末を利用した取組の沿革

私が所属する北海道教育大学附属函館中学校は，現在，BYOD／BYAD 環境で１人１台端末環境を構築している。その背景は，他校に先んじて ICT 端末を活用した教育実践を行ってきたことが挙げられる。その沿革は以下のようになる。

2012年度	スマートフォンでの教育実践
2013年度	Android 3.0端末（タブレット端末）約300台を学校保有
2014年度	生徒の端末の持ち帰りを実施【タブレット端末における１人１台環境】
2016年度	Android 3.0端末の経年劣化に伴い，Android 5.0端末（タブレット端末）約100台を学校保有 Google for Education（現 Google Workspace for Education）の試験的運用を開始
2017年度	Google for Education の利活用を推進するために Chromebook 端末約100台を学校保有 学校が推奨する Chromebook 端末の保護者購入（BYAD）
2021年度	「GIGA スクール構想」により Windows 端末，iOS 端末，Chromebook 端末を100台ずつ学校保有

2 スマートフォンでの教育実践

本校の情報端末の利用の元年と呼べるのは，2012年度に取り組んだスマートフォンを利用したものである。2011年度末にスマートフォン端末を試験的に導入することを職員会議で提案がなされた。2011年度当時は，フィーチャースクールなどで実践が行われた時代である。まだまだ，情報端末が教育現場で必要なツールとしての認識は少なく，職員会議の提案がされたときには，意見が真っ二つに分かれるほどであった。そこで，広く意見を求めるため保護者にスマートフォンを取り入れた教育の是非について問うこととなった。アンケート結果は300世帯中，約280世帯が学校の取組に対して賛成を示したのである。

こういった経緯の中，2012年度より，スマートフォンを活用した授業が始まった。しかし，実際には使える先生がほんの2，3人程度，月に何度か授業で使う程度で，生徒たちはインターネット検索を利用した調査活動を行う程度であった。当時のスマートフォンにはカメラ機能もあったため，動画や写真を撮ることができたにもかかわらず，それらを利用した実践はなされていなかった。

そのような状況が続く中，2つの大きなきっかけが，学校全体の意識を変えていった。1つ目は，その年の9月に整備した校内無線 LAN である。これにより，学校のどの場所にいてもインターネットに接続できるという環境になったことである。そして2つ目は学校祭である。本校では学校祭にダンスやコント，アートなど自分たちが挑戦したいことを極め，学校の仲間たちに披露する「キング・オブ・パフォーマンス」と呼ばれる

取組が行われている。無線LANが整備されたことで，データ容量が大きいYouTubeなどの動画配信サイトの閲覧が可能となり，生徒たちが自分たちのパフォーマンスを高めるために端末を借りにくるといった出来事が起こったのである。もちろん，本校にはノートPCも完備されていたが，スマートフォンにはPCとは違う操作性の良さや手軽さなどがあり，その様子を見ていた先生たちの中から，授業で活用してみたいという声が大きくなっていき，様々な活用の方法を模索し始めるのである。

3　タブレット端末による1人1台端末環境の構築

スマートフォンで，ある一定の教育効果が見られ始め，次第にそれぞれの教科でのスマートフォンの使用頻度が増していく中で，45台という台数が教育活動を進める上でのネックとなっていった。そこで，北海道教育大学，NTTドコモ様の協力もあって，2013年度に全校生徒357名分，予備を含めて370台のAndroid 3.0端末を導入することとなる。さらに，それらを円滑に活用できるようにネットワーク環境のさらなる整備，校内Webサーバや教育システム（Moodle）の設置による教材の配付や電子プリントの提出などを行えるようにしていった。また，学習活動のみならず，生徒たちの健康状態を確認するために睡眠時間や体調などのアンケートを実施するなど，よりタブレット端末が学校生活の一部となっていく基盤となっていった。

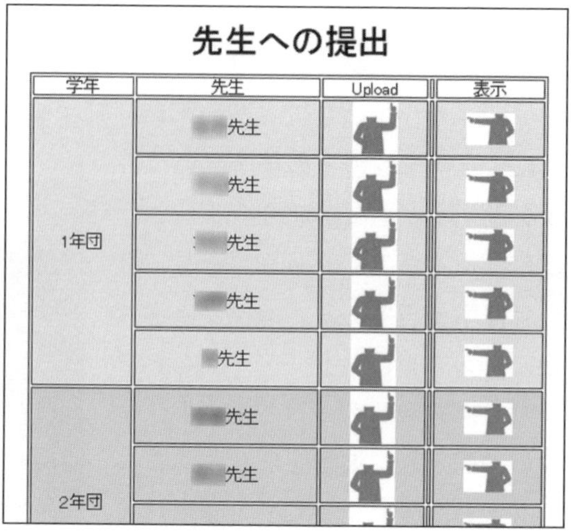

先生への提出

学年	先生	Upload	表示
1年団	先生		
	先生		
	先生		
	先生		
	先生		
2年団	先生		
	先生		

2014年度には，1人1台端末の持ち帰りを実施，社会科教師が事前に用意した映像を

自宅で学習し授業に取り組む「反転授業」や，理科で長期休業中の動画作成課題など，授業で使う端末から，場所を選ばすにいつでもどこでも使用する端末利用となっていった。この頃の教員間でのタブレット端末に対する認識は，スマートフォンを導入したばかりの認識から大きく変容し，学習する道具としての有用性を実感するとともに，さらにこの便利な道具を教育活動に生かすことができないかを，職員室で語り合うようになっていった。

4 経年劣化と新たな取組

2014年からの２年間は，タブレット端末の持ち帰りにより，すべての教科において便利な道具としての活用が進められてきた。しかし，電源ボタンの故障や，十分に充電しているはずなのに１時間ほど使用すると充電がなくなってしまうなどの経年劣化が見られ始めた。そこで，新しいタブレット端末の導入の検討を始めることになる。しかし，予算や端末性能，そして普段使いする上で欠かせない要素である丈夫さのある端末を300台超購入することは難しく，１学年分（約100台）ずつ数年に分けて購入することとなった。

当時の職員室では，タブレット端末を利用した協働学習をいかに行えるかが話題となっており，そこで我々の目に止まったのが，Google for Education（現 Google Workspace for Education）である。しかし，Android 3.0端末では，うまく動作しないことを確認し諦めていた。新しい端末では，どうにかして共有機能を活用した授業実践を行いたいと考え，Google との親和性が高い Android 5.0端末の購入を決めたのである。

その後，Google for Education を活用した授業実践を進めていく中で，キーボードのある端末使用の必要性や，より効果的な情報活用能力の育成を進めるため，2017年度に Chromebook 端末約100台を保有し，授業実践を重ね，同年６月に「学校が推奨する Chromebook 端末の保護者購入（BYAD）」についての説明会，11月に端末導入を行った。保護者購入による BYOD／BYAD の留意点等については次項で紹介する。

（金子智和）

3 Chromebook 端末の保護者購入

1 Chromebook 端末を購入するにあたって

GIGA スクール構想によって，小中学校では１人１台の ICT 機器が導入されている。高等学校でも，BYOD／BYAD など保護者負担の導入も検討されてきている。保護者が端末の導入に納得感をもって購入するためには，①購入前，②購入時，③購入後の３つの場面で，理解しておくべきポイントがある。

購入前の確認ポイント
□購入する Chromebook の概要を知る。 □ Chromebook 端末の購入で実現できる効果を知る。 □ Chromebook 端末に関わるセキュリティ機能を確認する。 □学校側が行う管理の内容を確認する。
購入時の確認ポイント
□ Chromebook 端末に関わる保証や保険の説明を受ける。 □ Chromebook 端末が故障した際の対応を確認する。
購入後の確認ポイント
□ Chromebook 端末を家庭で利用する上でルールを決める。

このように，保護者負担で端末を整備する場合は，学習以外の用途や管理といった，運用上の不安を解決することが大切になる。

2 購入前の確認ポイントについて

①購入する Chromebook の概要について

まず購入するChromebookについての概要を確認しておく必要がある。Chromebookは，Googleが開発した「ChromeOS」というOSが搭載されたタブレットPCで，スピードと使いやすさを追求したタイプのコンピュータである。また，教育機関での学習用に最適化されている点も特徴である。

〈Chromebookの特徴〉
・起動や動作が速く，学びのスピードを落とさず作業ができる。
・キーボードが標準装備されているため，タイピングなどの情報スキルを身につけることができる。
・画面をタッチパネルで操作できるため，感覚的に操作できる。
・ウイルス対策が標準で備わっており，セキュリティ品質が高い。

② Chromebook端末の購入で実現できる効果について

Chromebook端末は，軽量でスムーズな動作や直感的な操作ができることが特徴で，小中学校での導入が盛んに進んでいる。様々な実践が報告されており，その主な特徴としては，Chromebook端末を使った協働学習や個別学習に，手軽に取り組むことができる点である。

③ Chromebook端末に関わるセキュリティ機能について

保護者にとっても学校にとっても重要な点として挙げられるのがセキュリティ機能である。Chromebookの場合は，標準で備わっているセキュリティ面でのメリットが多い。Chromebookは，約4週間に一度，最新のセキュリティ状態が保たれる。また，ウイルス対策機能が標準で搭載されている。

④学校側が行う管理の内容について

学校では，端末管理ツールを使って利用制限やセキュリティ設定を決めて管理を進めることができる。どのようなセキュリティ設定が行われているのかを学校側に確認できれば，安心して使用が可能になる。

一般的に学校で行う管理には次のようなものがある。

・学習に無関係，もしくは危険性のあるアプリケーションを制限する。
・不健全と思われるページや危険性のあるサイトを，児童生徒の検索結果に表示させないようにする。
・万が一 Chromebook を紛失した場合には，管理者によって第三者が操作できないように制限する。
・学校で配付されたアカウント以外（個人の Google アカウントなど）での Chromebook へのログインを制限する。

3 購入時の確認ポイントについて

① Chromebook 端末に関わる保証や保険について

1人1台の Chromebook 端末は，児童生徒が使うものなので落下や水濡れなどによる故障が考えられる。万が一の事態に備え，可能な限り充実した保証を用意し，その内容について確認しておくことが望ましい。

〈Chromebook 端末につく保証の説明項目の例〉
・保証の年数（期間）
・基本的な対象の範囲
自然故障だけでなく，落下や水濡れなどの物損に対応しているか，盗難は対象になっているかなど。
・修理できる回数や費用の上限について
保証によっては，一度の修理で終了するものや，修理期間何度でも修理できるものまで様々ある。回数は無制限であっても，修理費用の上限が低く設定されており，実際には1回のみの修理と変わらないパターンもある。詳細については提供元に確認する必要がある。
・対象外となる周辺機器等について

AC アダプターの故障やバッテリーの消耗については，多くのメーカーが通常保証の対象外としているため，それに伴い延長保証や保険に加入していても，この２つは対象外になる場合が多い。

② Chromebook 端末が故障した際の対応について

Chromebook 端末が故障した場合，どのような流れに沿って対応しなければならないのかを事前に確認しておく。故障した際の対応については，Chromebook 端末のメーカーや学校，導入業者などによって異なっているため，担当者の確認は事前にしておくことが大切である。

4 購入後の確認ポイントについて

① Chromebook 端末を家庭で利用する上でのルールについて

Chromebook 端末を家庭に持ち帰り利用する場合，家庭での使用時間が長くなることが予想されるため，あらかじめルールを明確にしておく必要がある。家庭利用での望ましいポイントは，以下の点である。

○児童生徒が端末を扱う際のルール
・使用時間の順守　　・不適切なサイトへアクセスしないこと
・端末，アカウント，パスワードの適切な取り扱い
○健康面への配慮
・使用する際の姿勢　・休憩時間の設定
○端末・インターネットの特性と個人情報の扱い方
・本人の許可なく，写真を撮ったりデータをアップしたりしないこと
・情報モラルの確認
○トラブルが起きた場合の連絡や問い合わせ方法の確認

（松下　賢）

4 Google for Education の導入

1 Google for Education の導入

前項にて，2017年度の取組である「Chromebook 端末の保護者購入」について述べた。そこに至るまでの話と，その後について本項で紹介したいと思う。

2016年度における Android 5.0端末の運用の決め手は，教室でタブレット端末を使用したリアルタイムに進行する協働的な学びをつくり出すためである。そのためには，Web ベースのサービスの利用が必要である。まず運用を進めたものは，Microsoft から提供されていた Office 365 である。

2015年度末の段階で Android 5.0端末の導入が決定していたため，2月の段階

（イ）現在の環境と導入後の環境比較

	現在の環境（FJH 等）	Office365
ファイルのアップロードダウンロード機能	△ ① 生徒がファイル名（年組番）を選択しアップロードする。 ② アップした人を特定するのは難しい。 ③ データが校内にある。 ④ 画像と動画を同じところにアップ可能。 ⑤ サムネイルが表示されない。	○ ① ファイル名がそのままアップされる。 ② アップしたアカウント名が表示される。 ③ データがクラウド（外）にある。 ④ 画像と動画は別の場所へアップする。 ⑤ サムネイルが表示される。
Web アンケート評価の機能	× ① プログラムの知識がないと作成できない。 ② 集計データはテキストファイルのため Excel などへの貼り付けが必要。	◎ ① 知識がなくても PC から簡単に作成することができる。 ② 画面上でリアルタイムに集計できる。
電子教科書について	○ ① 校内サーバー上であるために許可されている。	× ① 教科書会社との規定上、置くことはできない。（校内サーバーとの併用で改善可）
メールアドレス	△ ① Google アカウントが 1 台ずつ割り当てられている。 ② 管理等が難しかったため、メール機能については使用させていない。	△ ① 1 人ずつに 365 アカウントが割り当てられる。 ② 割り当てられたメールボックス内を指定した人が閲覧できる。
現状のタブレット（ver.3.x）における仕様	○ ① 標準で入っている「ブラウザ」で使用することができる。	△ ① 「ブラウザ」では対応できないため、「FireFox」をインストールする必要がある。
アカウントによる制限及び権限付与	△ ① 個人に対する権限付与はなく、shokuin2 と fhc_more とでアカウントを認識し、ファイルアクセス制限をしている。	△ ① 個人のアカウントごとに権限を与えることができ、権限付与は教員アカウントで行うことができる。（編集、閲覧、フルコントロールなど）
ストレージの場所	△ ① 校内サーバー内に保存されるため、自己防衛が機能が強化されていれば問題は少ない。	△ ① Microsoft が用意しているサーバー内に保存されるため、セキュリティ面は保障される部分が大きい。

3. 導入及び情報に関する日程

日時	内容	備考
～4 月中旬	● Office365 研修会の実施 ● 生徒の個人アカウントの作成 ● 新タブレットアカウント等設定	生徒の個人アカウントは個人名で処理しますが、外へのメールの際には学年のアドレスを使って出させる。
5月初旬～	● 情報モラルの授業の実施 「個人情報の取り扱いについて」 ● Office365 を生徒で運用開始	メールアドレスが 1 人ずつに当たるため。
5 月下旬	● 新タブレット実用開始	どの学年に割り当てるか、貸出しタイプで行うか。
2 学期	● 情報モラルの授業の実施 「見えない相手のとのコミュニケーション」	
3学期	● 情報モラルの授業の実施 「情報社会と法律　著作権、肖像権について」	

から Office 365の運用の準備を進めていた。それまでは自校 Web サーバでの運用データのやり取りであったが，導入後はクラウド上でのファイルのやり取りになることなど，それぞれの先生がこれまで行ってきたことを踏まえて比較検討を行い，職員の中で新しいシステムに対する認識と理解を高めていっていた。３月の職員会議の提案書には，簡易的な導入計画を示している。

しかし，2016年度５月に Android 5.0端末が導入された際に，それぞれの端末に Android 3.0端末で使用していたアプリの導入を試みると，Google のアカウントが必要であることが判明した。当時 Google アカウントは個人で複数持つためには複数の連絡先が必要であり，困難な状況であったため，その対策を行う必要があった。また，アプリを導入する際，１台１台を操作しアプリをインストールする必要があり，100台すべてにアプリを入れるのは，半日がかりの大仕事であった。

そこで目をつけたのが，Google for Education である。Google for Education では，複数のアカウントの作成及び MDM（モバイルデバイス管理）が可能であり，アプリの一括導入や Web 閲覧制限なども行うことができる機能を有していた。

金子智和
To esupport@google.com

Hello,

Hi, . This is Tomokazu KANEKO, at Hakodate Junior High School attached to H
Thank you for your e-mail. I requested our vice principal to answer your request.

I will send you the information about our school which you requested.
Get and Check them.

Thanks,
Tomokazu Kaneko, in Japan

- Name of your school or organization
Hakodate Junior High School Attached Hokkaido University of Education

- Mailing address

同年９月，札幌市で「Google for Education 初等中等教育全国ツアー」という説明会が開催され，具体的にどのようなことができるのかを確認するために当時の情報担当のパートナーと一緒に足を運んだ。そこでプレゼンされた内容は，まさに我々が取り組みたい思っていたことが実現できる技術だった。学校に戻ってすぐに管理職に提案し，その数週間後には Google for Education の運用ができる環境をつくりあげることができた。ただ，その手続きでは，当時は Google for Education のサポートとの連絡は英語であり，手探りながらパートナーの外国語教諭の力を借りながら設定を行った。

その後は，Office 365とGoogle for Educationの両方を運用しながらの活動となっていったが，やはりAndroid 5.0端末との親和性が高いGoogle for Educationの方に軍配が上がることになる。

2 Google for Educationの活用

その年の晩秋には，Android 5.0端末でのGoogle for Educationのサービスを利用した授業実践が行われていった。国語科ではGoogleドキュメントを活用した作文及び教師による添削，理科ではGoogleスプレッドシートにグループごとの実験の結果を記録・共有する活動，総合的な学習の時間ではGoogleスライドを用いて学習成果をプレゼンテーションする活動など，情報端末を通して，教師と生徒，生徒と生徒がつながる学習を進める形態を実現することができた。これは，Android 3.0端末時代から，実現したかった協働的な学びであった。

気体の温室効果を調べる実験データ3C

班	電球	気体	スタート	1分	2分	3分	4分	5分	6分	7分	8分	9分	10分	温度差
記入例（半角英数）			19.2	19.6	19.8	21.6	22.8	23.6	24.9	26.8	28.2	29.4	30.9	11.7
1	白熱球	空気	22.0	23.7	25.5	27.0	28.0	29.5	30.5	31.0	31.8	32.0	32.8	10.8
		二酸化炭素	22.0	23.5	25.1	27.0	28.0	29.0	30.0	31.0	31.2	32.0	32.5	10.5
2	白熱球	酸素	23.0	27.0	29.5	32.0	34.0	35.0	36.0	37.0	38.0	39.0	39.2	16.2
		二酸化炭素	22.0	26.0	28.0	30.0	32.0	33.0	34.0	35.0	36.0	37.0	37.0	15.0
3	白熱球	窒素	22.0	27.0	31.4	35.0	37.2	39.1	40.0	41.0	41.5	42.0	42.6	20.6
		二酸化炭素	22.0	26.0	29.0	31.0	32.9	34.0	35.0	36.0	36.9	37.8	38.0	16.0
4	白熱球	空気	21.0	25.0	26.0	28.0	29.0	30.0	31.0	31.5	32.0	32.5	33.0	12.0
		ブタン	21.0	25.1	26.1	29.0	30.0	31.5	32.2	33.0	33.2	34.0	34.0	13.0
5	白熱球	ブタン	18.0	25.0	27.0	29.2	30.8	31.9	32.5	33.1	33.7	34.0	34.2	16.2
		二酸化炭素	21.0	22.0	25.0	27.1	29.0	30.1	31.2	32.0	32.9	33.5	34.0	13.0
6	赤外線ライト	空気	21.1	23.9	26.2	28.2	30.1	31.8	32.8	33.5	34.0	34.6	35.0	13.9
		二酸化炭素	22.0	25.1	28.5	30.8	32.3	33.5	34.1	35.0	36.0	36.3	37.0	15.0
7	赤外線ライト	酸素	20.0	22.0	23.5	25.1	26.5	27.0	28.9	29.2	30.0	30.5	31.0	11.0
		二酸化炭素	20.0	24.0	26.5	28.5	30.0	31.5	33.0	33.5	34.5	35.0	35.5	15.5

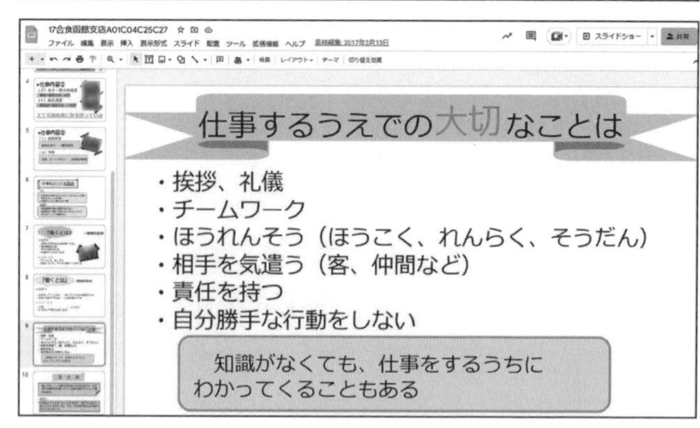

3 Google for Educationが生活の一部に

2016年度の後半，Android 5.0端末でのGoogle for Educationのサービスを利用した授業実践が数多く行われたが，その中で問題点が浮き彫りになってくる。それは，文章を書く際にキーボードがないと不便であるという点である。それまでは画面上に現れるキーボードアプリを使って入力していたため，画面の下半分がキーボードになってしまい文章全体を確認しながら入力することが難しく，特にある一定量の文章量を求める課題に不向きであった。そこで，キーボードがありかつ今までのタブレット型の使い方もできる2in1PCを模索することになる。各OSから販売されている2in1PCの特徴や価格帯などを調査していく中で，今まで本校が培ってきた教育環境に適しており，さらにある程度安価に購入できるChromebookに目をつける。当時はChromebookを取り扱っている業者は少なく日本で3社程度だったと記憶している。その1社からデモ機をお借りし，その操作性等を確認，次年度の学校用の端末として約100台の購入を決定した。

2017年度春にChromebook約100台が学校に届く。端末はそのまま使用できるわけではないので，キッティング作業を職員で行い，5月から運用を始める。その後，これまでの本校が取り組んできた情報端末の活用が基盤となり，学校全体でChromebookが盛んに使用されるようになる。タブレット端末であるAndroid 5.0端末では取り組めなかった，生徒が自分の考えを表現するような課題も可能となったことは，授業実践の中で高く評価されたのだと考える。

こうした状況の中，端末更新に関してどのようにしていくか検討していた。特に大学側からの継続的な財政的な措置が難しいこと，1人1台端末環境下での教育の在り方を推進していくことを考え，保護者にご購入していただくこと（BYOD／BYAD）で更新していく方向性を決定した。

（金子智和）

5
BYOD／BYAD 環境構築のトライ＆エラー

1 生徒に伝えていることと情報端末の意義

2012年からスタートした本校の情報端末を用いた特色ある教育活動は，うれしいことに様々な場面で紹介されている。しかし，それは学校生活の一部を切り取ったものであり，実際には日々生徒とのやり取りがあって成立がしている。

例えば，Android 3.0端末時代のことであるが，当時は学校から生徒へ貸与するという形態での運用を進めていた。当時は Proxy サーバを利用したフィルタリングをかけていたため，ある程度の Web 閲覧制限がかかっていたが，Web は月日とともにその世界は広がり深くなっていくものである。つまり，フィルタリングをかけていたとしても，有害サイトを閲覧しようと思えばできる方法，抜け道が存在してしまうものである。当時もそういった抜け道的な Web サイトを用いて検索し教育上好ましくない画像を端末内に保存している生徒がいた。

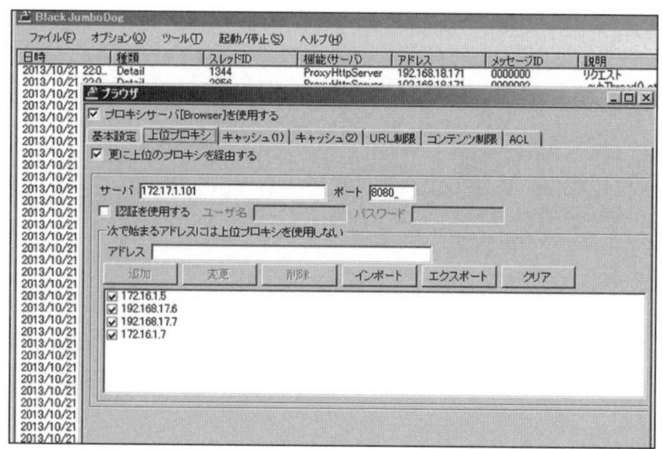

もちろんこういったトラブルはよくあることで，そういったことを完

全にこちら側が把握し，制御しようとすればするほど，多大なエネルギーが必要になる。ただ，そういった行動を発見し指導していくことも，生徒指導上必要なことである。しかし，そういった問題行動が起きてから指導を行う「消極的生徒指導」ではなく，起こる前に事前に指導をする「積極的生徒指導」が大切であると感じている。つまり，事が起こる前に生徒の情報端末に対する認識を変えていく必要があると考える。特に本校で意識的に指導しているのは次の２点である。

①学校は「学び」の場であること
②「学び」を豊かにする道具が情報端末であること

「そんなの学校教員として当たり前でしょ」という声が聞こえてきそうなこの２点は，当たり前すぎるため，ついつい伝えるのを忘れてしまいがちな指導内容だが，このことを伝え続けることが，毎年新入生を迎える学校現場で大切なことである。

2 端末導入の心構え

2016年度に導入されたAndroid 5.0は，本校においてGoogle for Educationを活用するきっかけとなった重要な端末である。当時は３か年計画で端末の更新を行うことを踏まえて，なるべく安価な端末を購入しようと試みた。実際に，ある程度安価な端末を約100台導入することができた。

しかし，実際に扱ってみると，プリインストールされてるアプリが誤作動してしまう端末や，電源ボタンがへこんでしまい元に戻らない端末などが数台見つかった。当時の１学年の人数は105名が最大であったため，導入された台数も105台＋数台（予備）で構成されていた。もともと，予備は故障用として購入したものではなく，生徒が実際に活動する端末と同じものを教師側が実際に扱ってみることで，指導の上での留意点などを見いだせるようにするために導入したものであったが，実際には故障した端末の補填として活用することとなってしまい，授業準備に活用することができなくなってしまった。

2017年度に導入した学校保有の約100台の Chromebook でも，Wi-Fi 接続に不具合のある端末が存在した。こういったトラブルは端末を大量に導入する時点で，ある程度心構えておくことを勧める。また生徒に普段使いさせようと試みる場合，予備機を学校側が担保として持っておくことは重要である。毎日使用していればその分，事故に巻き込まれることが予測できるし，使用頻度が高くなれば高くなるほど故障のリスクが高くなってしまう。本校では，常に生徒の端末が故障したときに備えて，貸し出せる端末を準備し，修理に出している間も端末を用いた学習ができるようにしている。

2021年は GIGA スクール構想で，情報端末が市場に多く出回ることで，このような導入後に故障するケースは少なくなってきていると認識している。ただ，実際に多くの端末を購入・準備するとこういった不具合はついて回るものであるという認識を我々も持っておくべきである。

3 故障時の対応についてのトライ＆エラー

「情報端末に故障はつきものではあるが，故障しないに越したことはない」というのが一般的な認識である。また，故障した際の修理に出すまでのフローが明確であるほど，素早い対応が可能である。2017年度に BYOD／BYAD を実施する際に，次頁のような「附属函館中学校 Chromebook ルールブック1_0_0」というマニュアルを作成し保護者に配付した。2017年度6月に訪問させていただいた東北学院中学校・高等学校様からいただいた資料をもとに作成したものである。当時，東北学院中学校・高等学校ではいち早く BYOD／BYAD に取り組まれており，実際に訪問させていただいた際には，BYOD／BYAD を行う上で必要なノウハウなどをお聞きすることができた。当時ご担当だった新田先生には感謝の気持ちでいっぱいである。

【1】端末の管理・破損について
1　破損について
保証については任意加入であるため，保証に入っているご家庭のみの案内になります。保証に入っていない場合は，自己負担による修理等が必要となります。
2　修理の流れ
故障発生→保護者・生徒がサポートダイヤルに電話し修理の手続き→端末を情報管理委員へと持ってくる→担当者が修理を可能にするため端末設定を解除→業者が端末を受け取りにくる（端末を送付する）→修理→学校に返却→担当者が再設定を行う→端末を生徒に返却
原則として，修理が必要と感じた場合は，学校への報告・提出の前にサポートダイヤルへの電話が先となります。

1年目は上記のような表記の仕方であったが，やはり文章だけでは伝わりにくく，修理の流れが保護者に伝わっておらず，スムーズな対応ができなかった。その後，ルールブック改変を数回行い，よりスマートに伝わるように，フローチャート化し，保護者に示すようになった。こういった，ちょっとした工夫の積み重ねが，BYOD／BYAD を円滑に行うために必要な要素であると感じている。

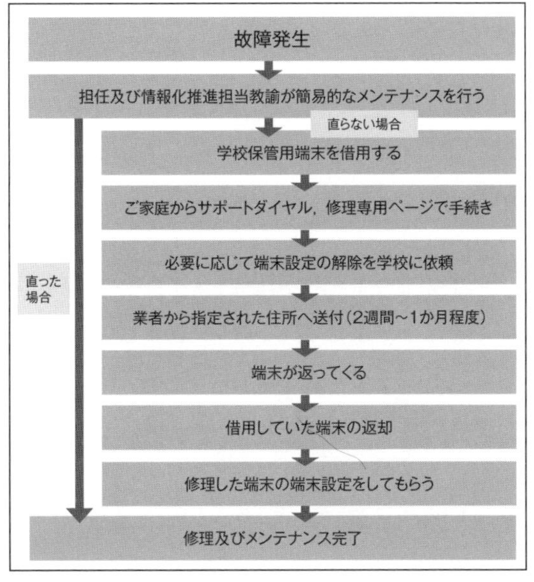

4　BYOD／BYAD での端末購入方法について

BYOD と BYAD での違いについては，CHAPTER 1－1で述べた通り，各個人での端末の自由購入あるいはすでに所持している端末の導入であるか，学校側が指定した端末を購入するのかの違いである。本校では，後者の BYAD を採用している。その理由として，次のことが挙げられる。

① Chromebook が家電量販店で店頭販売されていなかったため，個人でインターネットによる購入であった
②キーボード配列が英語配列のものが多く出回っていた
③ BYOD では多様なメーカー品になってしまうため，故障時の簡易的な対応が個別化・複雑化してしまうおそれがある

①②に関しては，現在では家電量販店に Chromebook コーナーが作られるほど知名度が高くなっているため，問題ない状況である。しかし，③に関しては，管理運用という視点から，BYAD を続けている理由が存在する。まず，学校側の管理運用において，不具合が見られたときに以下のような簡易メンテナンスを行う必要がある。

①ログアウトし，再度ログインしてみる
②電源を一度落とし，再起動する
③端末のリセット・Powerwash（入荷状態に戻す）をし，再度アカウントを登録する
④ディプロビジョニングを行い，端末を CMC の管理からはずした状態で端末リセットを行い，再度プロビジョニング及びアカウントの登録をする

これらの４つの簡易的なメンテナンスを行っても改善が見られない場合は，各家庭から修理に出してもらうようにしている。こういった簡易的なメンテナンスはメーカーによっても多少異なっており，特定の知識理解がある教員のみが行える状況にすることは，継続的に活用する上でネックとなると考えた。また，一般家庭に普及している OS は Windows が多く，Chromebook の OS である ChromeOS に対する認識や対処方法については一般的ではないため，各家庭での簡易的なメンテナンスの軽減のために，BYAD を採用

している。

BYADでの購入に関しては，専用のチラシを作成・配付を行った。チラシには，本校のみの販売専用のECサイトを準備し，そちらから選択式で端末や保証内容，支払い方法の選択ができるようにしている。支払い方法については，クレジットカードでの一括支払い，分割支払いが可能であり，コンビニ決済などの支払い方法も用意するなど，保護者のニーズをあらかじめ踏まえたものを準備した。また，本校における端末導入までの流れは以下に示した通りである。

日程	内容
1月初旬	○新入生選抜入試
1月下旬	○新入生数の確定
2月初旬	○新入生説明会 ・端末導入の流れの説明　・ECサイトのURL配付
2月下旬	○購入者数の確定
3月下旬	○端末の学校搬入 ・職員による端末のキッティング作業
4月	○新入生への端末配付

5　故障時の保証についてのトライ＆エラー

本校では，2017年度に学校保有の情報端末を貸し出す形から，BYOD／BYADでの個人での情報端末保有へと切り替えを行った際に「3　故障時の対応についてのトライ＆エラー（p.24）」で示したような，故障時の対応について各家庭にお伝えした経緯がある。また，故障に対する保証に関して保護者側が選択できるように設定した。BYOD／BYADをスタートした年は，年度途中での購入になるため，中学3年生は任意での購入，1，2年については購入をお願いする形式をとっている。「お願いする」という形をとった理由としては，様々な家庭の事情を考慮し，同年度に導入した約100台の学校保有のChromebookを貸与することも可能であることを保護者に伝え選択してもらうためである。また，この年の保証に関しては，年度途中であったため，１年保証と２年保証のどちらかの選択となっており，１年保証はメーカー保証であるため，端末の代金に含まれている。２年保証はオプションとして5,000円ほどで販売されている。2018年度入学生に関しては，オプションとして２年保証と３年保証を選択できるようにしている。以下の表が導入当時の保証システムとなっている。

保証期間	価格	保証請負先	備考
１年	０円 端末代金に含まれる	メーカー保証	直接メーカーに問い合わせる。 メーカーによって問い合わせ先は異なる。 ○ヘルプデスクへ電話連絡 ○ Webページから連絡　等
２年	約5,000円	販売業者が用意した保証	保証書に記載されている先へ連絡する。
３年	約10,000円	２年保証と同様	２年保証と同様

表を見てわかる通り，保証には２種類あり，メーカー保証と販売業者が用意した保証とがある。それぞれ問い合わせ先や，問い合わせする方法が異なっているため，保護者にとってわかりにくい環境となってしまっていた。わかりにくい内容のため購入時に説明は行っていたものの，月日が経てはそういった内容は忘れがちになってしまい，それにより，誤った問い合わせ先に連絡を入れてしまい，連絡系統がうまくいかないケースが見られ始めた。そこで，2022年度入学生の端末からは，故障対応及び保証環境をスマート化するために，故障時の対応を一本化することとなる。

6 実際に起こりうる故障・破損状況について

2017年から2022年現在までの６年間で，実際に現場で起こった故障・破損にはどのようなものがあったのかを紹介しておく。

① Wi-Fi の接続不良	②液晶画面の不具合
③タッチパネルの不具合	④カメラの不具合
⑤液晶画面の破損	⑥キーボードの破損

①②③④のような不具合は，端末リセットを行って症状が改善されるケースとそうではないケースがある。もし，改善されない場合には故障対応を保護者にしてもらっている。その際には，学校側で確認できている症状や，学校側で行った簡易的なメンテナンスを行った内容について保護者に伝えている。これは，故障時の問い合わせ先への対応をスムーズに行うためである。特に多かったのは①のケースで，Chromebook 内の Wi-Fi 受信機と Wi-Fi ルーターやルーター設定との相性的なものも存在しているようである。特に本校では校内の Wi-Fi すべてがステルスでの運用を行っており，それにより接続不良を起こすケースが多く見られた。北海道教育大学が校内のネットワークの設定を行っているため，附属学校の考えで変更は難しく，今後の検証及び改善が求められる点の１つであると考えている。

⑤や⑥のような破損に関しては，事故によるものであるため，学校側がメンテナンスを行うことは不可能である。そのため，保護者に早急に問い合わせをしてもらうように促している。

このように，修理などにより，生徒の手元に端末がない状態になってしまうため，日々の活用ができなくなってしまう。この場合は学校保有の端末を一時的に貸し出し，端末が戻ってくるまで使用できるようにしている。

7　BYOD／BYAD 環境での職員室

2017年度にBYOD／BYADをスタートさせていく際に職員間で合言葉のように言われていた言葉がある。

> 「ご家庭に購入してもらう以上，Chromebookを使い倒そう」

本校では，情報端末を用いた教育実践を数多く残していたため，どのような場面で活用すれば効果的なのかをある程度理解している教員が多かった。そのため，導入しても使わないことはないであろうと考えていた。しかし，今まで通りに「使う」のでは，わざわざ保護者に負担をお願いしてまで行うことではないと考え，「使い倒す」ことを我々の目標とした。紙ベースで行った方がよいと思われる方法も，手書きのホワイトボードやオープンカフェ方式などで共有した方が早い方法も，まずはすべてGoogle for Educationを利用して行うようにした。

また，これは授業だけでなく普段の生活の中でも同じである。朝の会に行われる学級委員からの今日の連絡，教科連絡，係からの連絡，学級日誌，係ポスター，合唱曲を決めるアンケートなど，とにかく使い倒すことで本当に必要な使い方はどのようなものなのかを模索しながら，学校生活と情報端末の融和性を確かめつつ高めていった。

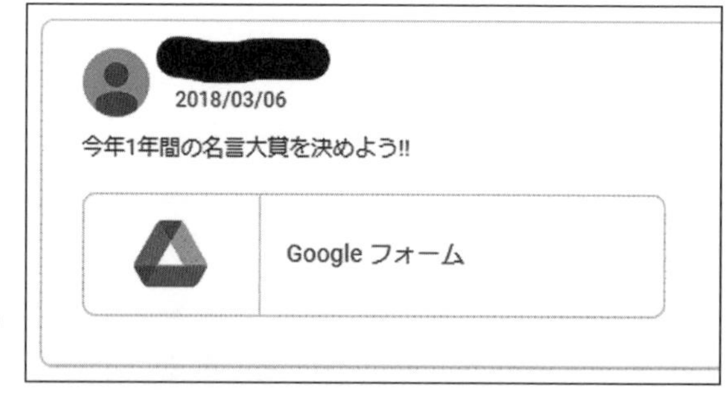

しかし，こういった取組が一個人の教員の取組であればたとえ継続したとしても学校全体の取組とは呼べない。そこで，情報推進部を中心にそれぞれ

の先生がChromebookで取り組んでいることを交流する研修会を開くなど行っていた。しかし，そういった研修会は頻繁に開くことは難しく，年に数回行えばよい方である。本校では，そういった研修会のようなフォーマルな場よりも，放課後などのカジュアルな場での何気ない情報共有でChromebookの取組について話し合うことが多かったように思う。こういった風土は，何か新しいことを推し進めていく上で最も必要なことであると感じている。自分たちが情報端末を用いた教育の最先端を突き進んでいるという自覚と責任のようなものを持ち合わせていたのかもしれない。

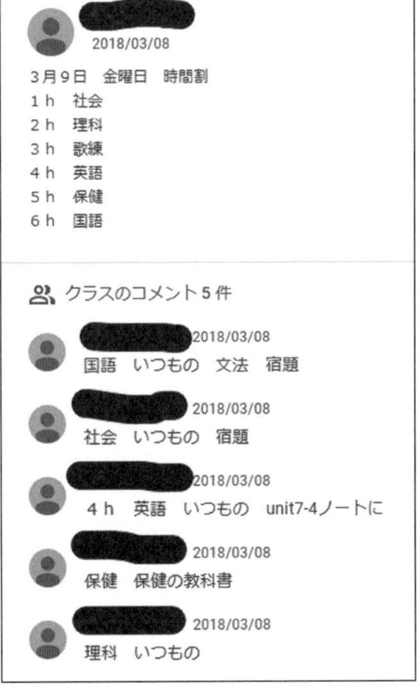

8 学校保有端末の持ち帰りとBYOD／BYADの違い

2021年度にはGIGAスクール構想により，１人１台端末環境が実現し，情報端末を利活用した学習の在り方を様々な教育現場で実践報告がなされている。このGIGAスクール構想と本校の行っていることの違いは，学校保有の端末なのか，BYOD／BYAD環境での端末なのかという点である。この２つは，日常の学習場面では使用の仕方に違いはない。実際に本校では学年に応じてWebサイトの利用制限をかけるなど，ある程度生徒のインターネット環境下での自由を奪っている。これはもちろん，生徒の情報社会に対する知識や理解を深めていく指導を行っていくことで，その制限を少しずつ緩めていっている。特に，本校生徒の様子を見ていると，感覚的なものであるが中学３年生になると，自然とそういった情報社会に対する理解と分別が身についていっているように思う。これは，もちろん本校教員が授業だけでなく普段の生活の中でも，情報端末の使い方などを生徒と向き合っているからこそ感じられるものなのかもしれない。

話を戻して，どこに違いがあるのかといえば，次のような管理的な視点での違いは大きいと感じる。

①生徒の情報端末の継続的な活用
②情報端末を用いた教育の持続性
③端末の自己管理

①では，中学校卒業後，端末は学校の管理下から外れるため，それぞれが個人使用する端末となる。中学校で身につけた他者と共同して何かをつくりあげることのできる道具として，その後も活用することが可能である。②では，本校が学校保有をやめた理由にもあるように，情報端末を用いた教育を持続するための費用の捻出は大変困難なことである。ましてや，１，２世代古いものであれば安価に購入できるが，ある程度最新の機器で学びを行っていくことに意味があると感じるからこそ，毎年更新可能な必要がある。③では，学校での充電や，台数管理など教師側の負担が大きくならない点である。こういった管理的な視点での違いは学校現場に情報端末が浸透していくために必要な視点であると感じている。

9　「アフターGIGA」に備える上で

現在，GIGA スクール構想後の学校の在り方についても語られ始めており，「アフターGIGA」をどのように乗り切るかについても議論されてきている。特に，３，４年後にくる端末の入れ替えについては，これから深く議論をすべきである。どうして３，４年後という段階的な年数を挙げるかというと，本校における端末利用可能年数がおおよそ3，4年であるからである。本校では「使い倒す」ことを，常に意識して活用しているため寿命は短くなってしまっているのかもしれないが，おおよそ3，4年でどこかしら不具合が現れてくる。それは，端末の物理的な故障もさることながら，端末の保証サポートなども考えられるため，そのことも視野に入れておくべきである。

では，この「アフターGIGA」を乗り越えるためにはどのような準備が必要なのか。前提として，学校は3，4年後も情報端末を使用した教育をしていくとして考えた場合，新しい端末の入れ替えを数年にわたって行うことが必要である。その際に，今回の GIGA スクール構想と同じように予算的な部分はすべて国や地方自治体が用意する方法がまず考えられる。そして，もう1つが本校のように保護者に全額負担してもらう BYOD／BYAD での端末導入である。あるいは，その2つの方法を合わせて，端末購入に係る費用を国が補助し，保護者の負担を軽減した形での BYOD／BYAD が考えられる。

どの方法をとるにしても，最も大切なことは継続的に教育現場が情報端末を利活用していくことである。これは，情報端末が日本の子どもたちがよりよい世界を世界中の人と協力してつくりあげるために必要な道具であり，我々教員が目指すべきミライの教育，ミライの学校であると確信しているからである。

（金子智和）

6

ICT の利活用を展開・継続させる管理職の役割

附属函館中学校では，2017年から保護者の協力を得て１人１台の端末を導入し，多様な実践を進めてきた。その過程で積み重ねてきた成果をいかにして学校全体に還元し，さらなる実践につなげていくのかが大きな課題として見えてきた。そこで，附属函館中学校の教員たちから集めた意見をもとに，ICT の利活用を展開・継続していく学校組織について考えてみたい。

1　附属函館中学校教員の主体的・自律的な動き

学校は，教員一人ひとりがその場面に応じ主体的・自律的に職務を進めており，その特性は個業性として捉えられる。これは生徒たちの多様性に対応しなければならないことや，教育方法・学級経営などを画一的に定め進めることが難しいなど，内在している不確実性のため管理のみによる展開に向いていないことが明らかである。

つまり，ある程度教員が自由に考えて判断できる裁量をもつことで，様々な状況に応じた実践を可能にしている。附属函館中学校では，その特性を大切にしてきた。ただ，その特性を大切にするだけでは，組織としてのまとまり，つながりづくりについて，ややマイナスに作用してしまう。また多様な課題に対しては，この特性により機動的な動きを可能とするが，全体で考えるべき課題についてはスピード感が不足しがちである。

2　ICT 利活用の展開・継続を課題としたときの組織的な運用について

そこで，このような課題を払拭するために，次の質問項目で意見を集め方向性を探ってみた。

【質問項目】
授業づくりや評価・指導でICTを活用する態勢になっています。このような学校組織を適切に運営・発展させていくために，どのようなことが必要と考えますか。前向きなご意見をお願いいたします。

【回答】
・担当者が変わっても運用できる仕組み
・教員同士の情報共有
・取捨選択を決めること
・運営，発展を考える余裕のある人事配置
・「評価」や「指導」に専念することのできる環境の構築が不可欠
・新しく赴任してきた教員に向けての研修機会が充実していることが重要
・アプリ使用の際のアイデアや，成果物の交流など，互いに学び合える環境整備，校内研修が必要
・私たち教員側も含め，ICT機器の使用に関わったルールづくり

附属函館中学校教員の特性を認識しながらICTをより利活用できる状況にし「学校を組織として機能させる」ためには，学校が自らの教育活動を組織的に改善できる様態とし，マネジメントの実施が必要になる。それは組織的な教育活動のまとまり，つながりづくりになり，さらに教育活動への主体的・自律的な関与をより促すことでもある。

附属函館中学校の教員は課題解決のための研究を，それぞれ1つのサイクルとして回している。そのサイクルの中で評価が行われ，改善を経て次の実践を広げている。しかし，それぞれの教員のサイクルが，全体のサイクルと

どのように重なり成果や課題を見いだしていくのか，組織的な構想を必要とすることが理解できる。

その学校全体としてのサイクル【ICTの利活用】【研究主題】と教員それぞれのサイクルの連環・協働は，単に学校全体のサイクルのもとで教員一人ひとりのサイクルが回ることを意味しているわけではない。逆に，教員一人ひとりのサイクルから学校全体のサイクルを見直し修正できると考えた方が，双方向からの広がりが期待できる。そこで成果や課題の共有化を図り，それぞれが適切に連環・協働していくために「同僚性を高めていく」という視点を基底に据えてみたい。

この同僚性は「同僚の関係性を保つことであり，相互に支え合うという解釈」であり「専門的力量形成には，同僚教師の援助や助言がきわめて大きな役割を果たすことが改めて注目される中で，学校内の教師同士の協働関係や援助の重要性を指す言葉」として使われている。さらに秋田（2010）は「それはトップダウンにまとめあげられて同じことを同じようにする足並みを揃える均質集団としての階層関係ではなく，相互に個人の持ち味を発揮し認め合う自律的な専門職関係の中で創られる関係である」と述べている。まさに附属函館中学校組織の目指すべき関係性と捉えることができ，特性をより生かすために必要と考えられる。

同僚性を高めるための具体的な方策として「定期的に話し合う機会の設定」「利活用しながら問題を解決していく思考の維持」「必要な情報を選択し，解決の方向性や方法を比較・選択し，結論を決定していく判断力や意思決定」が大切になる。加えて，教員が弱みを補完し合い成長できる組織づくりに向けた管理職（サーバント・リーダーシップの考えを生かした）のリーダーシップ発揮がポイントになる。

組織の開発は，若い教員であっても「学校組織をよりよくしたい」と思った人から，始めることができると捉えている。そして，どうしたらよいかわからなくなったとき，辛くなったときに「今よりもっとよい状態があるはずだ」とお互いが考え始めると，創造性が表出し，たくさんのアイデアが生まれる。つまり，同僚内での試行錯誤の継続に尽きる。

つまり，研究のサイクルを回している附属函館中学校の教員たちは同僚性を高め，意図的な重なりを設定し，主体的・自律的な動きを認めつつ，学校全体としてのサイクルを意識しながら実践を重ねている。さらに，このような構想をスタートさせたときは，方向性をしっかり確認しながら情報を共有し，課題を乗り越えながら生き生きと継続できると確信している。そしてICT の利活用の創意工夫が溢れ，今以上にスピード感をもった展開が，同僚性を高めた学校組織として連動していくと考えている。

（中村吉秀）

【参考文献】

・秋田喜代美（2010）「学校を変えていく教師の対話と同僚性」『教師の言葉とコミュニケーション』教育開発研究所

・教育開発研究所（2021）『教職研修５月号〈人も組織も成長する「しくみ」〉』

・ピーター・M・センゲ（2011）『学習する組織』英治出版

CHAPTER 2
BYOD／BYADの実践事例

本実践事例には，国語や社会，総合的な学習の時間などの各教科等の取組に加えて，職員室や保健室，学校間交流等での活用についても紹介している。北海道教育大学附属函館中学校では，BYOD／BYAD により，各教育活動の目的に合わせたシームレスな取組が可能になっている。（黒田　諭）

1

国語

国語科での活用のポイント

2021年度の中央教育審議会答申において，目指すべき新しい時代の学校教育の姿として「全ての子供たちの可能性を引き出す，個別最適な学びと，協働的な学びの実現」が提言された。

「個別最適な学び」とは，教師が支援の必要な生徒により重点的な指導を行うことなどで効果的な指導を実現することや，子供一人一人の特性や学習進度，学習到達度等に応じ，指導方法・教材や学習時間等の柔軟な提供・設定を行う「指導の個別化」と，生徒の興味・関心・キャリア形成の方向性等に応じ，教師が子供一人一人に応じた学習活動や学習課題に取り組む機会を提供することで，子供自身が学習を最適となるよう調整する「学習の個性化」に整理される。

「協働的な学び」とは，探究的な学習や体験活動等を通じ，生徒同士で，あるいは地域の方々をはじめ多様な他者と協働しながら，あらゆる他者を価値のある存在として尊重し，様々な社会的な変化を乗り越え，持続可能な社会の創り手となることができるよう，必要な資質・能力を育成することを指す。

AI 技術が高度に発達する Society 5.0時代という未来の社会を見据え，生徒の資質・能力を育成するために「個別最適な学び」としての「指導の個別化」と「学習の個性化」，そして「協働的な学び」を実現するという観点から，学習活動の充実の方向性を改めて捉え直していく必要がある。また，これまで培われたきた国語科の多様な工夫とともに，ICT を活用した新たな可能性，さらには BYOD／BYAD の可能性を探究していく。

事例

1　CBT の結果を踏まえた活用

「疲れた（から）休む」
問：（から）は何助詞？
□格助詞
□接続助詞
□副助詞
□終助詞

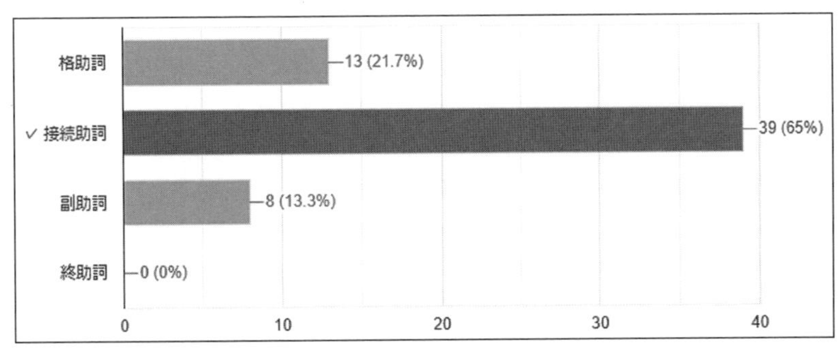

図1　CBT の問題・結果・取り組む様子

中学３年における助詞の指導での CBT（PC 上で出題する問題）である。Google フォームを活用すると，上記のような問題作成が可能である。解答後，即時に結果が教師と生徒に送信される。教師は生徒一人ひとりの正答・誤答を Google スプレットシートで確認することができ，また，総数は自動でグラフ化される。生徒は自身の解答の正答・誤答を知ることができる。

CBT を活用することで，生徒一人ひとりの学習進度，学習到達度等を確認することができ，指導方法等の適切な提供が可能となる。

事例

2 Zoom 等の会議システムを用いた活用

国語科作文指導では，生徒一人ひとりのテーマに即した情報の提供が非常に困難である，という課題が挙げられる。インターネットを活用することで，その課題の改善も図られてきたが，より精度の高い情報を得るためには，専門家への直接のインタビュー活動等が必要であると考えている。これらの課題については，Zoom 等の会議システムにより遠隔者の協力が得られれば，改善が可能となる。

Zoom 等の会議システムは，協力者の移動に伴う時間的・距離的なロスを省くことができる。さらには，授業時間という比較的限定された時間においても，協力者の協力が可能となる。

今回は近隣３校の小中学校教諭に，作文指導の AT（アシスタントティーチャー）としての協力を依頼した。３名の教諭には，それぞれの勤務校で授業時間を調整していただき，本校の授業時間に合わせて授業に参加できるような態勢を整えていただいた。約35名の学級の授業で，本校教諭が MT（メインティーチャー）となり，３名の AT とともに，計４名で作文指導を行った。

情報収集の場面でも，それぞれの専門性を生かした情報を，生徒一人ひとりに提供していただき，生徒は精度の高い情報を活用し，作文を書き上げることができた。

生徒一人ひとりの興味・関心に応じ，学習活動や学習課題に取り組む機会を，Zoom 等の会議システムを用いることで提供することが可能となる。

図２　生徒の授業の様子

事例 3

Zoom 等の会議室システム&コメント機能を用いた活用

本校では欠席者に対して，Zoom 等の会議システムを用い，授業の配信を行っている。授業中の交流等においても，教室と自宅という異質の学習環境下においても違和感なく話し合い，活動をしている様子が日常となってきている。

本事例は中学3年を対象とした，批評文を書く授業である。批評文は Google ドキュメントを用いて作成し，グループメンバーと共有することで，他者の批評文の閲覧や編集，さらにはコメントを加えることも可能となる。

この時間は，交流を通して自身の批評文を推敲する時間であった。欠席者は Zoom 等の会議システムから教室のグループメンバーと話し合い，その話し合いの記録を，Google ドキュメントを用いて，コメント化していた。

> 反対意見の根拠として，まず「厳罰化を必要とする社会的事実がない」ということが挙げられる。今回の改正の理由について政府は，民法上の成年年齢が20歳から18歳に引き下げられ，選挙権なども18歳から行使できるようになったことから，18歳・19歳の少年はなるべく成人と同等の扱いをしようという考えのもとなされた改正であると説明していた。だが実際のところ，少年犯罪が増加していたり凶悪化しているというケースはないのである。18歳・19歳に限定されてはいるものの，厳罰化する社会的事実はないと私は思う。もしそうだとすれば，成年年齢の引き下げを理由に少年法の適用を考える必然性は必ずしもないと言える。

図3　生徒の批評文

> 何に対しての社会的事実かを改めて書くとわかりやすいのではないでしょうか。気になったのはそれくらいです。

> 一つひとつの意見ごとに根拠が多数挙げられているので，説得力があってよいと思います。

図4　欠席者が送信したコメント

ICT を活用することで，他者と協働しながら，持続可能な社会の創り手となることに必要な資質・能力の育成が可能となる。

（森谷　剛）

2

社会

社会科での活用のポイント

中学校社会科は，地理的分野・歴史的分野・公民的分野の３つの分野から構成される社会的事象を対象とした教科である。また，「地理的分野及び歴史的分野の基礎の上に公民的分野の学習を展開する」ことが社会科の基本的な構造である。特に，本校社会科では，取り扱われる情報が多様でその量も膨大である中において，事象間の関連を明らかにすることや，事象に対して多面的・多角的に考察することを大切にしている。ここに，社会科においてICTを活用することの最大のポイントがあると考えている。例えば，これまでワークシートへの記述による授業においては，その内容の交流が基本的に当該生徒と授業者との間に限定されることが多く，他者との協議などによる多面的・多角的な考察の実現について，紙というメディアの限界をもつ実践となっていた。また，授業時間中，生徒が記述しているときにすべての記述された内容を把握することは困難であり，そのために努力を要する状況にある生徒に対する適切な指導や助言を行うことが難しく，いわゆる「指導と評価の一体化」の実現をよりよく展開することが難しいという課題を有していた。

しかし，ICTを活用することによって，収集できる情報量を増大させることができるとともに，多様さを担保することができるようになった。さらには，最新の情報や各種調査のデータを直接入手することができるようになった。加えて，自らの生み出した考えをリアルタイムに他者と共有することができるようになった。ここでの「他者」についても，学級内における仲間だけではなく，「授業者」や遠く離れた「大学教員」なども包含できるようになっている。すなわち，ICT の活用によって，自らの学びに関する議論や発信の先として，多様な他者や広く社会全体に拡張することができるようになったことが，社会科における活用のポイントであると考える。

事例 1 ファイル共有や会議システムを用いた対話的な学び

本単元では，現代社会の見方や考え方として，「対立と合意」「効率と公正」などを授業者が説明した後に，「架空の市の状況を踏まえて駐輪場に関するルールを策定する」という学習に取り組んだ。ここでは，３～４人で構成されるグループ単位で展開し，各グループはルールを考える際には，様々なアプリを活用しながら議論を展開しつつ，最終的なルール案はグループ内で共有した Google スライドによって作成した。図１は，実際に作成されたあるグループのルールをまとめた Google スライドである。

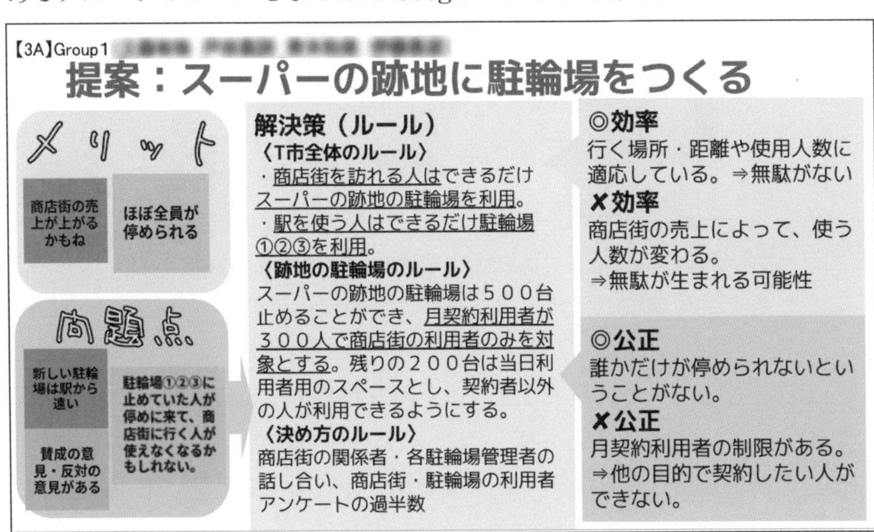

図１ グループで考えられたルールがまとめられた Google スライド

共有による共同編集には，次のようなメリットがある[(1)]。

①複数人が同じファイルにアクセスでき，個別に作成したスライドを１つのファイルに集めるという作業が不要となる。
②編集された内容はすぐに同期されるため，お互いのスライドを確認しながら重複なく情報の整理等を効率的にできるようになる。

こうしたメリットによって，作業の時間を大幅に短縮することができるようになり，そこで生み出された時間をグループ内でのよりよいルールづくりのための対面での議論に用いることができるようになることに注目したい。

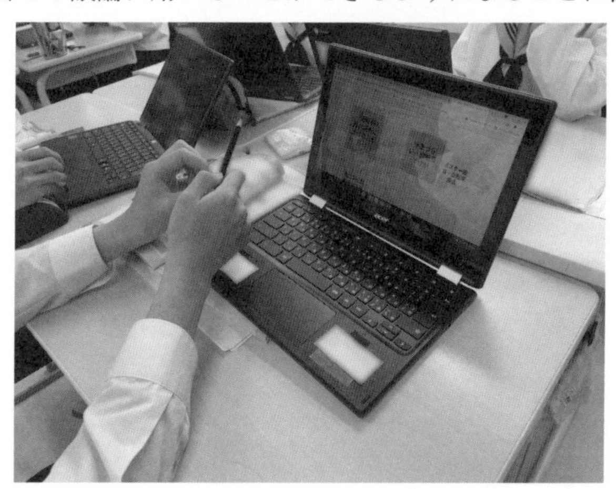

図２　様々なアプリを活用してグループ内で議論する様子

また，各グループのスライド（ルール）が完成した後は，その共有の設定にクラス内の全員を追加するとともに，法教育を専門とする大学教員にも共有の設定を行った。これによって，遠く離れた場所にいる専門家にもこの学びに参加していただくとともに，Google スライド内のコメント機能を活用して，専門的な視点から生徒の策定したルールに関する指導の機会を設けることが可能になった。

なお，本実践においては，秋田大学教育文化学部講師　加納隆徳氏にご参画いただいた。また，単元末には，すべてのグループが策定したルールを踏まえて，ルールをつくる際の視点や難しさなどを内容として，Web 会議アプリを活用した遠隔での講演会を実施した。

図３　Web 会議アプリを活用した遠隔での講演会の様子

（郡司直孝）

【註】

(1)本実践にかかわる詳細は，石塚博規編著，三村仁・郡司直孝著（2022）『成功する１人１台端末の授業づくり　先進事例に学ぶ効果的な ICT の利活用法』（明治図書）を参照されたい。

3

数学

数学科での活用のポイント

「主体的・対話的で深い学び」の実現に向けた授業改善が求められている中で，本科では意見交流の方法についてICTの活用ができないか考えた。国立教育政策研究所が発表した「全国学力・学習状況調査の４年間の調査結果から今後の取組が期待される内容のまとめ～児童生徒への学習指導の改善・充実に向けて～」では，2007年から2010年度の４年間の調査結果を分析しており，中学校数学科の記述式問題における課題として「事実・事柄の証明」「方法の説明」「理由の説明」の３つが挙げられている。

普段私たちが授業を行っていると，数学科の授業において「考察し表現すること」について苦手意識をもっている生徒が多くいるように感じる。計算の問題は解けるが，記述式の問題になると全く手がつけられない状況になる生徒と出会うこともしばしばある。したがって本科ではこれらの課題を解決するために，授業内で説明する場面や時間をより多く確保することができないかと考えた。また，本校では１人１台端末の環境であるため，授業内では考えを交流するツールとして，家庭学習では学習内容の振り返りとして活用する方法を模索した。

今回の事例としては，

①問題解決の方法を数学的な表現を用いて説明すること（方法の説明）

②予想した事柄を数学的な表現を用いて証明すること（事実・事柄の証明）

③家庭学習を通じて事柄が成り立つ理由を説明すること（理由の説明）

の育成を目指して実践を行っている。

事例
1　Google スライドを利用した発表資料の作成

従来の授業では意見交流の場面で，発表のためにホワイトボードへ記入したり，実物投影機を活用したりしながら行う場面が多かった。しかし，ICT 環境が整備されていく中で，ストリーミングデバイスが登場し，生徒自身の手でスクリーンにスライドを映して紹介することが簡単にできるようになった。

図１　ストリーミングデバイスを利用した発表の様子

Google スライドを使用すれば，スクリーンに提示する資料を生徒自身で作成することができるようになる。例えば，デジタル教科書にあるシミュレーション機能で動的に操作を確認したものを１枚のスライドにまとめるなど，教科書の情報を自分なりにスライドにまとめ，他者へ説明する活動を行うことができる。また，１つのスライドを他の生徒と共同で編集を行うこともできるため，グループで協働して取り組む活動や互いに作成したものを共有する活動など，幅広く方法を選択することができる。したがって，１人１台端末であることで全員が個々で作業を行うことができ，活発な意見交換を行うことが期待できる。

事例
2 Google Classroom を活用した全体交流

Google Classroom の「質問」の機能を利用することで，発言をしなくても全体交流を行うことができる。また，質問への回答を一覧で表示することができるため，回答をした生徒から他者の考えを確認することもできる。

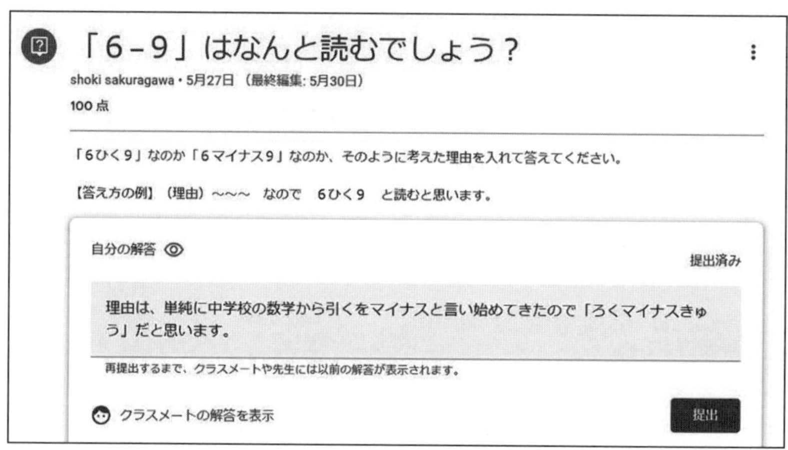

図2　質問に対する回答の入力

実際の授業の中では，回答が終了した生徒から他者の考えにコメントをしていた。教員も同様に生徒へコメントをしながら一人ひとりの考えを吸い上げて次の展開へとつなげることができた。

このように，個の考えにじっくり向き合いながらスムーズな授業展開にすることができる。

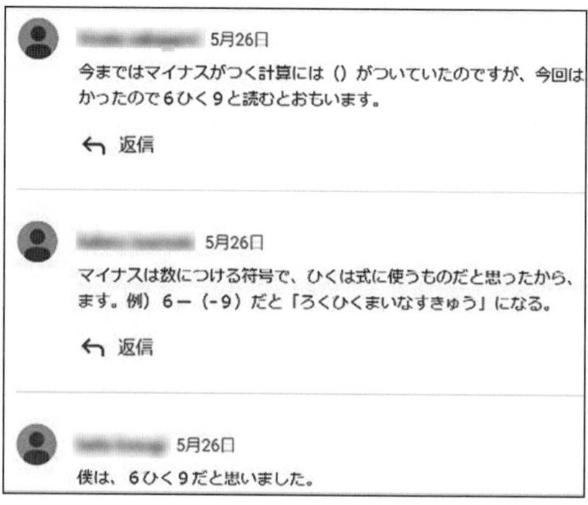

図3　質問に対する回答の一覧

事例

3　BYOD／BYADを生かした振り返り活動

1人1台端末を自宅に持ち帰ることで，生徒は学校で取り組んだ課題をもとに家庭学習を行うことができるようになった。そのため，日々の学習で自ら作成したものを振り返ったり，データの共有も可能であるため他者の作成したものを自宅で確認したりすることもできる。これを利用して家庭学習としてノートづくり等を行うことで，計算練習だけでなく理由の説明が入った内容になっていくことが期待できる。学校に登校していなければ確認できなかったことが自宅でいつでもできるようになり，生徒自身で行う学習への支援となっている。

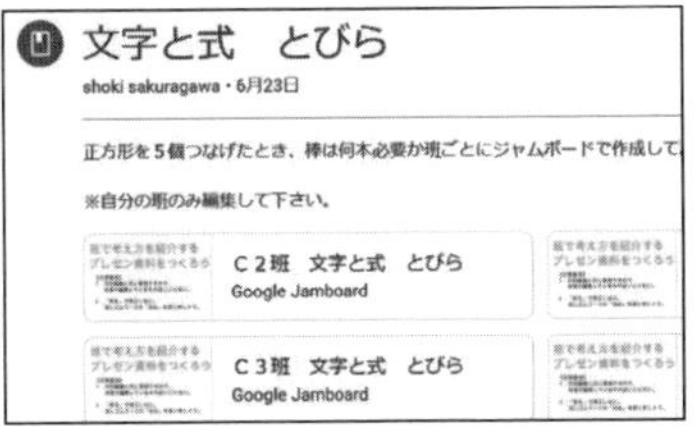

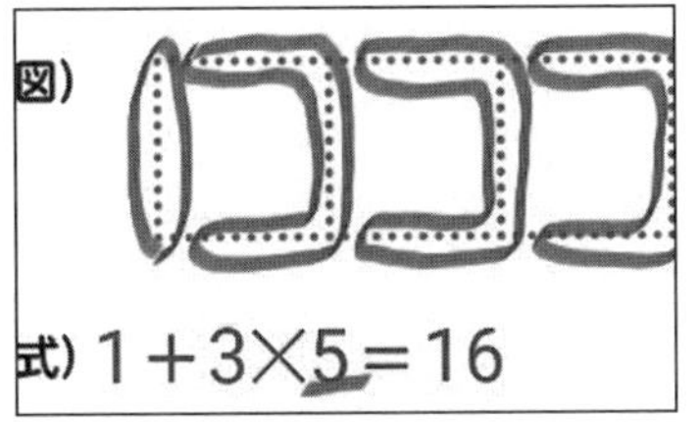

図4　授業で作成したデータの共有

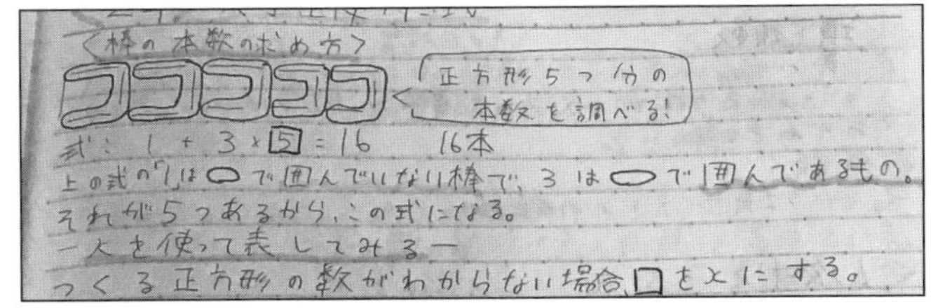

図5　家庭学習での取組の様子

今後はClassroomの「課題」機能を利用して，家庭学習においても教員によるフィードバックを行っていきたいと考えている。

これらの実践を続けることで，学校の授業においては生徒の「主体的・対話的で深い学び」が実現し，自宅での家庭学習においては「記述・表現すること」などの思考力や表現力が育成されていくと考える。　（櫻川祥貴）

4

理科

理科での活用のポイント

GIGA スクール構想が，2019年に開始され，全国の児童生徒に１台のコンピュータと高速ネットワークを整備する取組が進められてきた。近年，全国での普及が加速的に進み，端末を日常的に活用する中で，これまでの実践とICT とを最適に組み合わせることで，教育の質の向上につなげていくことができるようになってきた。

本校では，GIGA スクール構想に先駆け，2017年から BYOD／BYAD による Chromebook 端末の導入を進めてきた。この先進的な取組の中で，理科における学習活動でも，導入前とは大分違ったものになったわけだが，その中でも BYOD／BYAD という条件下における Chromebook 端末の活用のポイントは，大きく２つ挙げられる。

１つ目は，Google ドキュメントや Google スプレッドシートの作成物を「共有」できる点である。Google ドキュメントで作成したワークシートや宿題に対して，教師は常に必要に応じてコメントや評価を行うことができ，生徒一人ひとりの学習状況に応じた指導を図ることができる。

２つ目は，Google フォームを活用した CBT，IBT の導入である。模試や校内テストに CBT によるオンライン試験を導入する動きが加速化している。CBT は，従来の PBT では測りきれなかった様々な資質能力を評価できる可能性を秘めている。IBT 環境整備が進み学びの形が変化していけば，試験・評価の形も変化していくだろう。遠くない将来，学校のテストが CBT に変わっていくことが想定されており，今後の大きなポイントである。

事例

1　ファイル共有と共同編集

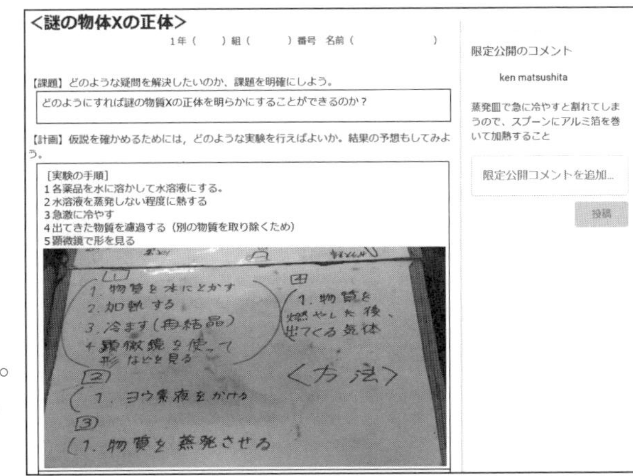
<謎の物体Xの正体>
1年（　　）組（　　）番号　名前（　　　　）
【課題】どのような疑問を解決したいのか、課題を明確にしよう。
どのようにすれば謎の物質Xの正体を明らかにすることができるのか？
【計画】仮説を確かめるためには，どのような実験を行えばよいか。結果の予想もしてみよう。
［実験の手順］
1各薬品を水に溶かして水溶液にする。
2水溶液を蒸発しない程度に熱する
3急激に冷やす
4出てきた物質を濾過する（別の物質を取り除くため）
5顕微鏡で形を見る

限定公開のコメント
ken matsushita
蒸発皿で急に冷やすと割れてしまうので、スプーンにアルミ箔を巻いて加熱すること
限定公開コメントを追加...
投稿

現行の中学校学習指導要領解説理科編では，「資質・能力を育むために重視すべき学習過程のイメージ」（探究の過程）が示され，探究の過程を意識した系統的な指導の充実が一層望まれている。

そのような中で，「令和4年度全国学力・学習状況調査」の理科の報告書では，「探究の方法について検討し，探究の過程の見通しをもつこと」に課題があることが示された。改善のためには，「実験の計画を立案する際に予想や仮説と異なる結果が出る場合を想定し，課題を解決するために適切な探究の方法について話合い活動を通して確認する学習場面」の設定が求められている。具体的には，探究の過程を主体的に遂行させるための課題づくりや仮説をもとにした実験計画の立案，仮説，実験計画の振り返りなどの手立てが必要になると考えている。そこで，仮説を設定し，実験計画の立案を行う場面では，Google ドキュメントによるファイル共有と共同編集の活用がポイントとして挙げられる。

1つの例としては，グループ内で実験計画の立案する場面で，コメント機能を活用して，実験の留意点等を示すことが有効である。教師からの指摘をもとにグループ内で検討をすることによって，実験計画の立案から実験の振り返りまでの探究の過程を，多角的に熟考することができる。このような活用が，前述の課題解決に対する1つの手法になるものと考えられる。

ファイル共有と共同編集に関わるもう1つの具体例は，長期休業中の課題

についてである。下図は，２年生のグループが取り組んだ天気図の予測についてである。毎日の天気図を Google スライドに添付し，その後の天気を予測するというものである。共同作業で作り上げたスライドから，どのような視点で予測すればよいかをアドバイスしており，理科の見方・考え方を生かして課題解決に取り組む活用例となっている。

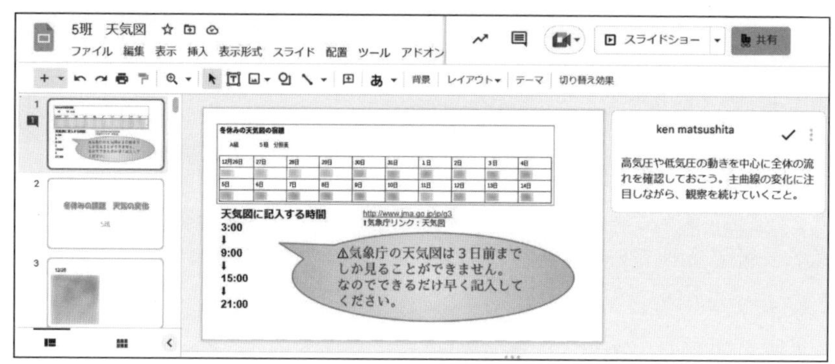

事例
2 Google フォームを活用した CBT の取組

次の図は，総括的評価の場面における CBT の例である。日常生活の身近な例を問題にし，科学的に探究するために必要な資質・能力を評価するものである。CBT の利便性として，結果が瞬時に示されることから，評価結果を指導につなげることができるとともに，生徒の学習改善にもつなげることができる。また，学習ログがそのまま残されており，内容のまとまりの中で，どのような変容が起きているかも捉えやすくなることが大きなポイントである。

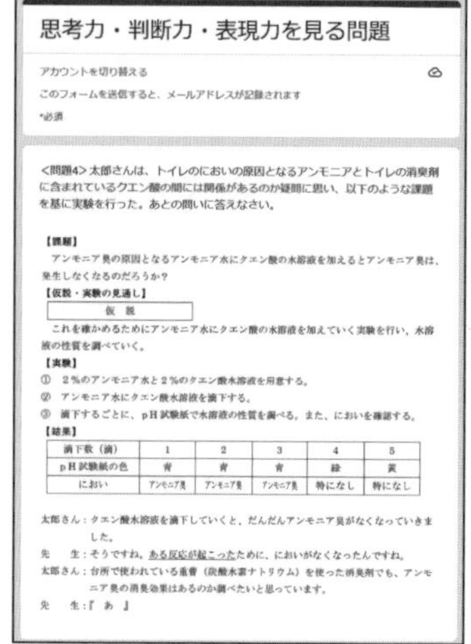

思考力・判断力・表現力を見る問題

アカウントを切り替える

このフォームを送信すると、メールアドレスが記録されます

*必須

<問題4> 太郎さんは、トイレのにおいの原因となるアンモニアとトイレの消臭剤に含まれているクエン酸の間には関係があるのか疑問に思い、以下のような課題を基に実験を行った。あとの問いに答えなさい。

【課題】

アンモニア臭の原因となるアンモニア水にクエン酸の水溶液を加えるとアンモニア臭は、発生しなくなるのだろうか？

【仮説・実験の見通し】

仮　説

これを確かめるためにアンモニア水にクエン酸の水溶液を加えていく実験を行い、水溶液の性質を調べていく。

【実験】

① ２％のアンモニア水と２％のクエン酸水溶液を用意する。
② アンモニア水にクエン酸水溶液を滴下する。
③ 滴下するごとに、pH 試験紙で水溶液の性質を調べる。また、においを確認する。

【結果】

滴下数（滴）	1	2	3	4	5
pH 試験紙の色	青	青	青	緑	黄
におい	アンモニア臭	アンモニア臭	アンモニア臭	特になし	特になし

太郎さん：クエン酸水溶液を滴下していくと、だんだんアンモニア臭がなくなっていきました。
先　　生：そうですね。ある反応が起こったために、においがなくなったんですね。
太郎さん：台所で使われている重曹（炭酸水素ナトリウム）を使った消臭剤でも、アンモニア臭の消臭効果はあるのか調べたいと思っています。
先　　生：『　あ　』

事例

3 BYOD／BYAD を生かしたIBT の導入

CBT の導入とともにBYOD／BYAD の導入によって，最近取り上げられるようになったのがIBT と呼ばれる試験方式である。インターネット環境を基本とした試験スタイルで，いつでもどこでも取組が可能になる。CBT のように，複数の生徒が同じ場所でテストを受ける必要がないため，スピーディーに結果集計を行うことができ，低コストでの試験実施が可能になる。

「水溶液の性質」確認テスト〔ＩＢＴ方式〕

実習の先生方が行った学習範囲について、みなさんがどのくらい理解したかを確認するテストです。テストといっても、成績に付けるものではありません。ですが、次回の後期中間テストにつながる範囲です。自分の弱点となっている学習内容を知ることで、理解度がアップするはずです。しっかりと取り組んでください。相談したり、ネットで調べたりせずに、今の自分自身の力だけで回答しましょう。

このテストは、何度も回答できます。振り返りのページを確認し、満点になるまで取り組んでみましょう。

アカウントを切り替える

このフォームを送信すると、メールアドレスが記録されます

*必須

Ⅰ　水溶液の性質

次の動画は、水の入った容器の中に青いインクを入れてしばらく放置した様子です。次の各問いに答えなさい。

インクの滴下20220918

（1）インクが広がった状態で、ラップをして１年間保存しておくと、１年後にはビーカーの中の色はどのようになっているか。 *1ポイント

○ ビーカー内のどこを取っても，同じ色になっている。

○ 上部はインクの色が少しだけうすくなり，下部は色が少しだけこくなる。

○ インクと水が完全に分離し，上部は色がなく，下部はインクの色になる。

CBT との大きな違いは，厳格性の維持という点である。自宅でテストを受けるIBT は，児童生徒にとって非常に便利ではあるが，教師にとっては対面での本人確認や監視を行えないというリスクがある。そのため，IBT を「自分の能力や性質を知るための試験」と位置付け，導入している。

具体的な取組として，上の図で示した水溶液の性質におけるIBT を挙げる。単元の学習終了後に，出題している。正解できなかった問題は，解説ページでのフィードバックがなされるようになっており，指導の個別化が図れるように設定している。また，CBT と異なり，一度きりの取組ではなく，何度もチャレンジできるような設定にすることで，自分の現在の力が成長していることを確かめることができるのも大きなポイントである。このように学習ログが確認できることは「個別最適な学び」にとって有効な視点である。

（松下　賢）

5
保健体育

保健体育科での活用のポイント

GIGA スクール構想により，全国の児童生徒向けの１人１台端末と，高速大容量通信ネットワークを整備する取組が進められてきた。各教科では様々な工夫を凝らし端末を効果的に活用することで，個別最適な学びが推進されている。保健体育科においても，「豊かなスポーツライフを実現するための資質・能力」を育成するために，ICT の効果的な活用がなされている。

現在，本科の授業を支援するソフトウェア（作戦盤アプリや動画遅延再生アプリなど）は数多くあり，生徒たちにとって視覚化された教材の効果は非常に大きい。例えば，これから取り組む運動の模範映像や自分自身の運動映像を見ることにより，誤った情報をもとにした思考に陥ることが少なくなる。また，それらの映像の蓄積は，学習者と指導者双方にとって貴重な評価資料として活用することができる。

本科において ICT を活用する際には，それにより運動時間が大幅に減少したり，活動そのものの低下を招いたりしないよう十分に留意する必要がある。そのため，単元を見通し ICT の活用場面の精選を図る必要がある。ICT を活用して学びを深める場面と，ICT を活用せずに活動することに重点を置く場面を両立できるよう指導計画を工夫することが大切である。ICT の活用だけで本科の目標が達成されるものでは決してないが，その活用次第では，自己認識力の向上や情報処理能力，アクティブ・ラーニングの増加，家庭での多様な取組等，従来の学習環境だけでは得られない成果が大いに期待できる。

事例1 スポーツと多様に関わる Google Classroom の活用

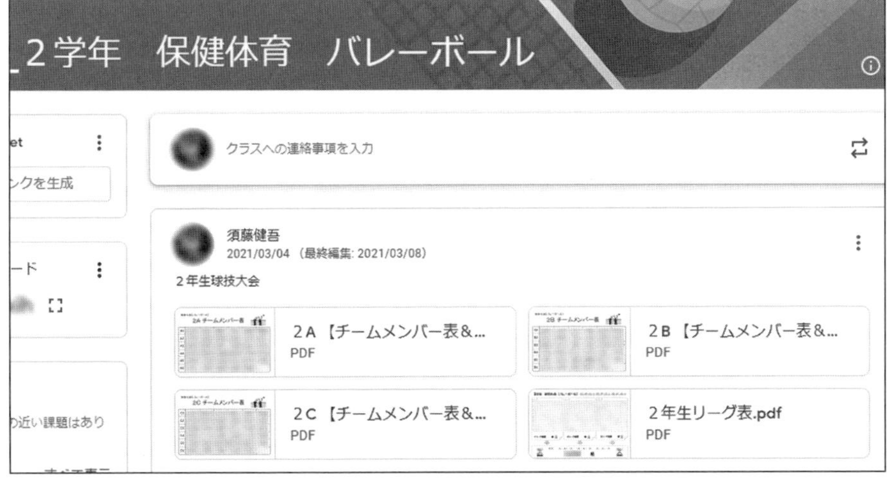

図1　保健体育 Classroom

保健体育は生徒にとって技能面のみに着目されがちであるが，スポーツには様々な関わり方がある。Google Classroom の効果的活用は，【する・みる・支える・知る】というスポーツへの多様な関わり方を実現させる一助になっている。また，生徒がいつでも学習に参加できる環境を整えることは，主体的に学習へ取り組む手立てともなっており，授業（試合）前日に，対戦相手の試合を観てくる生徒もいる。いつでもどこでも見ることができるオリエンテーション資料で競技の特性を知ったり，勝敗表で他チームの様子を把握したりすることも可能である。自チームの試合動画を選択して客観的に見ることでよさや課題に気づいたり，練習方法を自分たちで考えたりする活動にもつながっていく。

事例
2 「学習成果」の蓄積と評価のためのGoogleスライドの活用

図2　Googleスライドを活用した「学習成果物」の提出

ビデオカメラやタブレット等を用いて運動の様子を撮影し，自分の動きを確認することで出来栄えや課題を把握したり，仲間のそれらを伝え合ったりする活動は数多く実践されてきた。１人１台端末になったことにより，自分の動きを蓄積することが容易になるだけでなく，Googleスライドに撮影した動画を挿入するだけで，一人ひとりの学習成果をまとめることが可能になる。これにより，指導者は学級全員の技能を評価すること，また，生徒は次年度同単元に取り組む際に前年度の動きを振り返ることが容易にできる。自宅でも閲覧することができるため，長期休業中に技能向上に向けて主体的に取り組む生徒も多くいる。

事例
3 Google フォームを活用した CBT による「指導と評価の一体化」

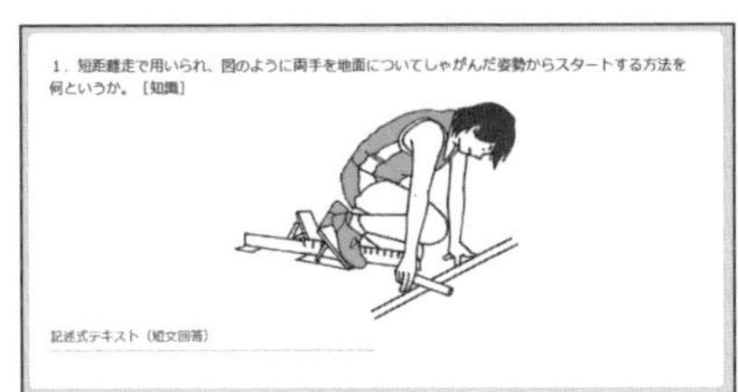

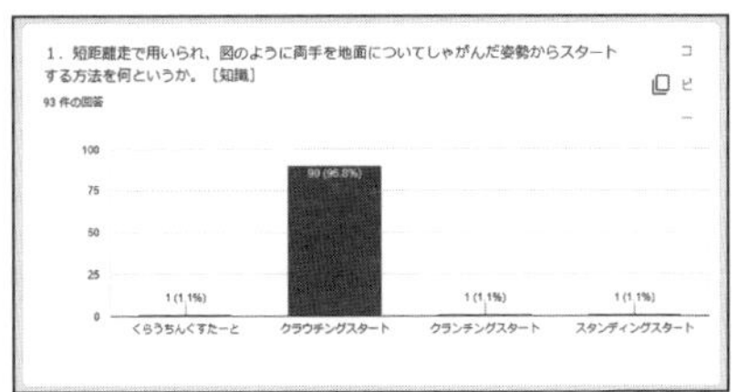

図３　知識を問う CBT

保健体育科では，毎時間のスキルテストや単元終了時の実技テスト，学期末の筆記テストなどが，これまで慣行として行われてきた学習評価方法であった。しかし今後は，「生徒一人ひとりに何が身についたか」や「生徒一人ひとりの発達をどのように支援するか」などの見取りとそれによる指導の改善等を短期的な視点で行うこと，つまり短期的な PDCA サイクルの中での指導と評価の一体化を推し進めていく必要がある。単元途中の観点別学習状況の評価は，生徒一人ひとりの学習状況を明確にし，生徒の学習改善につなげると同時に，教師の指導の成果や課題を明らかにするものでもある。Google フォームを活用した CBT を単元内に適切に位置付けることで，生徒の理解定着度を把握し，指導に生かすことが可能となる。これまでの実践において，［知識］を問う CBT は，出題形式を選択式や短答式にすることで即時自動採点と生徒への即時フィードバックが可能になるため，学習改善や指導改善になじみやすいと考えられる。一方，［思考力，判断力，表現力等］を問う CBT については，出題形式を記述式にすることで即時自動採点と即時フィードバックが困難になるため，学習改善や指導改善になじみにくいと考えられる。即時自動採点の方法や出題方式の工夫など，今後さらなる研究実践が必要である。

（須藤健吾）

6

技術・家庭

技術・家庭科での活用のポイント

2017年に告示された中学校学習指導要領解説技術・家庭編では「生活の営みに係る見方・考え方や技術の見方・考え方を働かせ，生活や技術に関する実践的・体験的な活動を通して，よりよい生活の実現や持続可能な社会の構築に向けて，生活を工夫し創造する資質・能力を次のとおり育成することを目指す」と目標が示されている。また，生活や社会の中から問題を見いだして課題を設定し，それを解決するための力を養うことも挙げられている。つまり，技術・家庭科においては，学習した内容（知識）を生徒の生活の中で活用（表現）することで，より豊かな生活を目指すことが求められている。しかし，実際には学習した内容を生徒は知識として習得しているが，その習得した知識を実生活の中で生かすことができているのかと問われると，すべてがそうであるとは言えない状況だと考える。そこで，その授業で習得した知識と実生活での課題を結び付け，課題を解決し，より豊かな生活を送るためには，生徒１人１台の端末の活用が有効だと考えた。

実際に生徒が普段学習で使用している端末には，たくさんの学びが蓄積されており，いつでも，どこでもその学びを振り返り，中身の確認ができる。技術・家庭科においても，授業で使用した資料や成果物がデータとして生徒の端末に蓄積されている。しかし，ただそれらが蓄積されているだけでは技術・家庭科としての学習効果は薄い。その効果を高めるためには，実生活（家庭）で自分の生活に関する課題を見つけ，その課題解決に向かうための手立てや情報を生徒自身が自分の端末で検索し，実践することだと考える。

事例

1 BYOD／BYADを生活に生かす

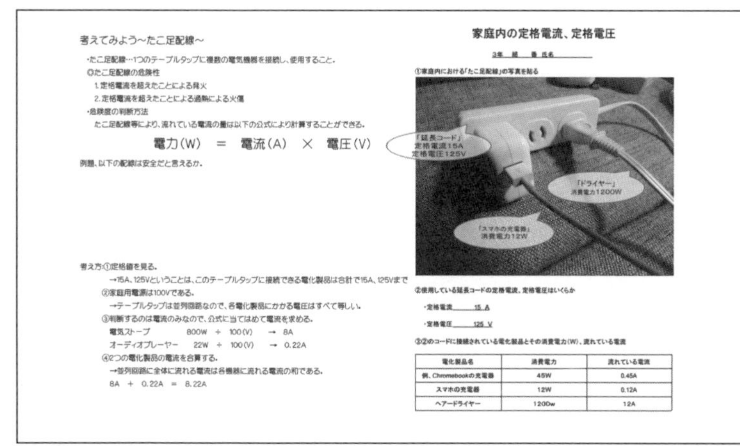

考えてみよう～たこ足配線～

・たこ足配線…1つのテーブルタップに複数の電気機器を接続し、使用すること。

◎たこ足配線の危険性

1.定格電流を超えたことによる発火

2.定格電流を超えたことによる過熱による火傷

・危険度の判断方法

たこ足配線等により、流れている電流の量は以下の公式により計算することができる。

電力(W) ＝ 電流(A) × 電圧(V)

例題、以下の配線は安全だと言えるか。

考え方:①定格値を見る。

→15A、125Vということは、このテーブルタップに接続できる電化製品は合計で15A、125Vまで

②家庭用電源は100Vである。

→テーブルタップは並列回路なので、各電化製品にかかる電圧はすべて等しい。

③判断するのは電流のみなので、公式に当てはめて電流を求める。

電気ストーブ 800W ÷ 100(V) → 8A

オーディオプレーヤー 22W ÷ 100(V) → 0.22A

④2つの電化製品の電流を合算する。

→並列回路に全体に流れる電流は各機器に流れる電流の和である。

8A ＋ 0.22A ＝ 8.22A

家庭内の定格電流、定格電圧

3年 組 番 氏名

①家庭内における「たこ足配線」の写真を貼る

②使用している延長コードの定格電流、定格電圧はいくらか

・定格電流 15 A

・定格電圧 125 V

③②のコードに接続されている電化製品とその消費電力(W)、流れている電流

電化製品名	消費電力	流れている電流
例、Chromebookの充電器	45W	0.45A
スマホの充電器	12W	0.12A
ヘアードライヤー	1200w	12A

図1　授業配付資料（右側は生徒提出課題）

図1は授業中で使用した資料を生徒の端末に保存したものである。授業では例題に沿って延長コードに接続された電気機器は安全であるかを判断する活動を行った。そして，生活における課題として，自分の家庭の中で複数のコードがつながっている場所を撮影し，そこから機器の消費電力や電流の値を求め，それが安全であるかを判断するものを提示した。すると生徒は家庭内のあらゆるところを調べ，授業資料を見ながら自ら値を計算し，安全かどうかを判断していた。生徒の中には「実際に調べて値を計算したところ，使用限度を超える数値であり，このまま使用しては危険であることがわかり，配線を見直した」という意見もあった。その他，この単元では家庭にある分電盤の写真を各々が撮影し，それを授業内で交流しつつ，分電盤の役割や電気的な事故の対策等について話し合い活動を取り入れている。

事例

2　ICT が学校と家庭をつなぐ「ものづくり」

図２　生徒作品の実用例

「Ａ材料と加工の技術」における木材を使用した製作実習では，のこぎり引きや釘打ちの基礎を学習し，それらを活用して作品を仕上げた。図２はそのときに製作した本立てである。木材を３枚接合した簡単なつくりではあるが，実用性が高いものであった。製作完了後，実際に家庭でどのように使用しているのかを写真付きのレポートにまとめて提出することを最終課題とした。

生徒が提出した課題の写真には自分の机の周りで教科書や参考書を立てるために使用している写真やリビングで雑誌類を立てている写真など製作したものが自分の生活の中で実際に役立っている様子がたくさん提出された。

事例 3 Google スプレッドシートによる「デジタル化演習」

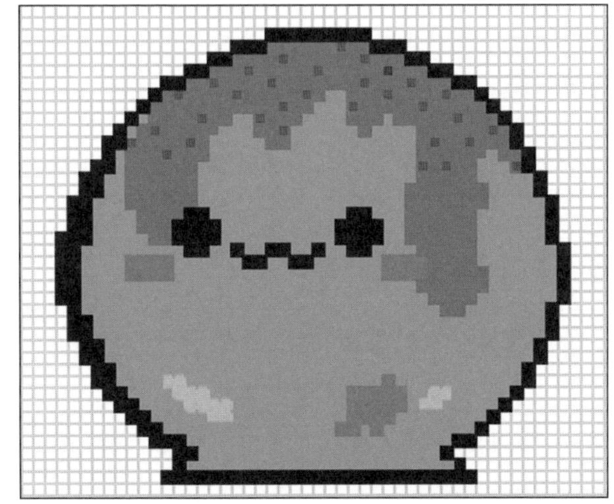

図3　夏休みの課題（デジタル化演習生徒作品）

図3は夏休みの課題として提示した「デジタル化演習」により提出された生徒作品である。生徒は長期休業を利用して自分の好きなデザインやイラストをChromebookのGoogleスプレッドシートを活用して1マスずつ塗りつぶし，作品を仕上げていた。生徒が自分の所有する端末で地道に取り組み，仕上げていく過程の中で生じた疑問はスプレッドシートからコメントにより入力することで，教員側にも即座に伝わる。また，教員もそのコメントに返信することで生徒との直接的な指導や添削が可能である。これらはいつでも身近に生徒の端末があり，それをすぐに活用できる環境があるからこその活動である。今後もICT機器を活用した家庭での学びの継続を進めていきたい。

（村上浩平）

7

外国語

外国語科での活用のポイント

2021年の中教審答申では，「個別最適な学び」について「指導の個別化」と「学習の個性化」に整理されており，児童生徒が自己調整しながら学習を進めていくことができるよう指導することの重要性が指摘されている。

英語科ではリフレクション（振り返り）シートを活用し，生徒が自身の学びについて振り返り，自己調整を図ることができる活動を行っている。

事例

1 リフレクションシートの作成

教師はGoogle スプレッドシートを用いてリフレクションシートを作成し，学級の生徒全員と共有する。生徒は自分のタブに名前を入れて管理する。これにより生徒は自身のシートに振り返りコメントを入れるだけでなく，他の生徒の書き込みを閲覧したり，コメントを入れたりすることができる。

Reflection Sheet　Unit3　My Future Job

【単元の目標】　自分が体験したことや学んだことについて，たずねたり伝えたりすることができる。

A：完璧！　B：かなりできた！　C：あまりできなかった

時	日付	家トレ音読	家トレノート	評価	CAN DO	Comments	Question	Answer
家トレ目標				ABC	学習目標	今日の授業でわかったこと，できるようになったことなど	わからなかったこと，疑問に思ったことなど	疑問に対する回答
1								
2								
3								
4								
5								
6								
7								
8								
9								
10								
音 ave	ノート ave	音読個人	ノート個人		家庭学習を振り返って			
0.0	0.0	0	0					

事例

2 毎時間の運用

リフレクションシートのデータには，英語の教科係だけが入力することを許可された特別なシートがある。英語の教科係は毎時間，日付と，教師が黒板に提示した学習目標を特別なシートに入力する。すると日付と目標がすべての生徒のシートに反映され，生徒は自分のシートから目標を確認できる。

Reflection Sheet　　Unit3　My Future Job

【単元の目標】	自分が体験したことや学んだことについて，たずねたり伝えたりすることができる。

A：完璧！　B：かなりできた！　C：あまりできなかった

時	日付	家トレ音読	家トレノート	評価	CAN DO	Comments	Question	Answer
家トレ目標				ABC	学習目標	今日の授業でわかったこと，できるようになったことなど	わからなかったこと，疑問に思ったことなど	疑問に対する回答
1	6/23				「～するために」という表現を理解できる			
2	6/30				「～してこんな気持ちになった」の表現を理解できる			
3	7/1				to do の形を理解して本文を読める			
4	7/4				to do の形を更に理解して自分の考えを書ける			
5	7/5				「～すべき」「～するための」の表現を理解できる			
6	7/7				自分が興味のあることについて書くことができる			
7	7/9				「～するのは～だ」の表現を理解できる			
8	7/12				AIについて自分の考えを書ける			
9	7/13				職業体験について書ける（妄想）			
10	7/15				留守電のメッセージを理解して返信メールを書ける			

英語係用　日付・目標入力シート

一般生徒は授業終了の５分程度前に，目標に対する振り返りを行い，自分自身の本日の取組についてリフレクションシートへの入力を行う。授業時間中に十分な時間がとれない場合，教師は家での入力を指示する。生徒は端末を家に持ち帰ることができるため，学校での活動を思い出しながら，家で落ち着いてリフレクションシートに記入することが可能である。その日の取組についてはABCの三段階で自己評価をする枠もあり，生徒は自分の授業への取組がどうであったかを振り返る。

また，疑問や質問がある生徒は「わからなかったこと，疑問に思ったことなど」の枠に記入をする。ある生徒が質問を書くと，リフレクションシートを閲覧することができる生徒の中で，回答ができそうな生徒が，質問に対する回答を入力する仕組みにして運用をしている。教師も定期的にリフレクションシートを確認して，生徒が答えることが難しそうな質問に回答したり，生徒の回答に対して評価するコメントなどを記入する。生徒は他の生徒の書き込みを見て参考にしたり，誰かの質問に対して回答を記入したりする。

別の生徒の書き込みを見ることで，生徒は学び方のヒントをもらえることもあり，他者の質問に答えることで自身の学びを深めていくことができる。

さらにリフレクションシートには家での音読練習の回数と，家庭学習のページを入力する場所があり，単元の最初に生徒は目標回数を入力する。生徒がそれぞれの日付の横に回数を入力すると，下には合計が出てくる仕組みになっており，生徒は自分の達成具合について確認することができる。また，学級の平均回数も表示されるので，生徒は自分の取組について皆と比較して調整を図ることもできる。

Reflection Sheet　　　Unit3　My Future Job

【単元の目標】　自分が体験したことや学んだことについて，たずねたり伝えたりすることができる。

A：完璧！　B：かなりできた！　C：あまりできなかった

時	日付	家トレ音読	家トレノート	評価	CAN DO	Comments	Question	Answer
家トレ目標		38	35	ABC	学習目標	今日の授業でわかったこと，できるようになったことなど	わからなかったこと，疑問に思ったことなど	疑問に対する回答
1	6/23	4	5	A	「～するために」という表現を理解できる	to+ 動詞の原形でできる不定詞は，「～すること」のような名詞的用法以外にも，「～するために」というような意味の使い方もできるんだなと思った。使い分けをしっかりしていきたい。	最後の動画で，「叔母に会う」ということを「see my aunt」と表していたが，meet は使わないのかと思った。	meet は初めて出会うニュアンスがありますので，知っている人に会う場合は see が使われますね。
2	6/30	4	6	A	「～してこんな気持ちになった」の表現を理解できる	不定詞は動詞以外の SOC（主語・目的語・補語）になれると知って，かなり便利だなと思った。不定詞は感情（気持ち）を表す言葉の後につけることでその感情になった理由を表せるんだと思った。	特にありません。	
3	7/1	4	3	A	to doの形を理解して本文を読める	この前の感情（気持ち）の原因を表す不定詞を使った文を上手く読むこともできたし，新しい読み方で暗記することもできた。英語らしく読むことが苦手なので継続して自分の力にしていきたい。	translator と translation のように語尾に「tion」がつくと名詞になる場合は有名なもので他にどんなものがあるのか。	act → action や form → formation などです。inform 知らせる→information 情報なんてのもありますね。
4	7/4	5	3	A	to do の形を更に理解して自分の考えを書ける	to do の形を理解して，この前は本文を読むだけだったが，自分の考えをかけるようになった。	特にありません。	
5	7/5	6	3	A	「～すべき」「～するための」の表現を理解できる	名詞＋to+ 動詞の原形で～するための（名詞）という意味になることを知った。自分で使えるられるようにしたい。	特にありません。	
6	7/7	4	6	A	自分が興味のあることについて書くことができる	interested in to 動詞の原形で～することに興味があるという文を作れた。話すときに絶対戸惑うと思うから口ににもならせておきたい。	特にありません。	
7	7/9	3	5	A	「～するのは～だ」の表現を理解できる	It is ~to 動詞の原形　で（動詞の原型）するのは～だという文を作れた。使える形容詞の種類を増やしておきたい。	特にありません。	
8	7/12	5	4	A	AI について自分の考えを書ける	AI を使うことは～だということを不定詞を使って書くことができた。AI に操られるなんて日が来る可能性もなくはないと思うからあまり発達させすぎないようにしてほしいとも思う。	特にありません。	操られて生きていきたい人も中にはいるかも知れませんね。
9	7/13	4	5	A	職業体験について書ける（妄想）	妄想でも，不定詞を使って職業体験したとして書くことができた。自分の職業について英語で書けなかったので，書けるようにしておきたい。	特にありません。	
10	7/15	3	5	A	留守電のメッセージを理解して返信メールを書ける	リスニングがとても早かったけど，そこそこ聞き取れたので，これからもこの速さのリスニングを聞き慣れていきたいと思った。	特にありません。	
音ave	ノートave	音読個人	ノート個人		家庭学習を振り返って	夏休みを挟むことによって異例の回数となったが，２倍位も多くするとができた。だが，週コン・単語テスト・期末テストともに満点を取れなかったため，次は取れるように勉強方法を変えていきたいと思う。		
270.8	163.0	78	75					

事例

3　単元終了後の活用

生徒は家庭学習の振り返りと単元のまとめを入力する。教師は単元終了後，おおよそ１週間程度先に提出締切を設定する。生徒は家でしっかりと記入を行いリフレクションシートを完成させる。

また生徒は自身で調べた内容なども反省に反映させることができる。教師は振り返りや単元のまとめを含め，生徒から提出されたリフレクションシートを総合的に評価する。

Reflection Sheet　　　Unit3　My Future Job

【単元の目標】	自分が体験したことや学んだことについて，たずねたり伝えたりすることができる。

A：完璧！　B：かなりできた！　C：あまりできなかった

時	日付	[illegible]	[illegible]	評価	CAN DO	Comments	Question	Answer
家トレ目標		38	35	ABC	学習目標	今日の授業でわかったこと，できるようになったことなど	わからなかったこと，疑問に思ったことなど	疑問に対する回答
1	6/23	4	5	A	「～するために」という表現を理解できる	to+ 動詞の原形でできる不定詞は，「～すること」のような名詞的用法以外にも，「～するために」というような意味の使い方もできるんだなと思った。使い分けをしっかりしていきたい。	最後の動画で，「叔母に会う」ということを「see my aunt」と表していたが，meet は使わないのかと思った。	meet は初めて出会うニュアンスがありますので，知っている人に会う場合は see が使われますね。
2	6/30	4	6	A	「～してこんな気持ちになった」の表現を理解できる	不定詞は動詞以外のSOC（主語·目的語·補語）になれると知って，かなり便利だなと思った。不定詞は感情（気持ち）を表す言葉の後につけることでその感情になった理由を表せるんだと思った。	特にありません。	
3	7/1	4	3	A	to do の形を理解して本文を読める	この前の感情（気持ち）の原因を表す不定詞を使った文を上手く読むこともできたし，新しい読み方で暗記することもできた。英語らしく読むことが苦手なので継続して自分の力にしていきたい。	translator と translation のように語尾に「tion」がつくと名詞になる場合は有名なもので他にどんなものがあるのか。	act ⇒ action や form ⇒ formation などです。inform 知らせる→information 情報なんてのもありますね。
4	7/4	5	3	A	to doの形を更に理解して自分の考えを書ける	to do の形を理解して，この前は本文を読むだけだったが，自分の考えをかけるようになった。	特にありません。	
5	7/5	6	3	A	「～すべき」「～するための」の表現を理解できる	名詞＋to+ 動詞の原形で～するための（名詞）という意味になることを知った。自分で使えるられるようにしたい。	特にありません。	
6	7/7	4	6	A	自分が興味のあることについて書くことができる	interested in to 動詞の原形で～することに興味があるという文を作れた。話すときに絶対戸惑うと思うから口ににもならせておきたい。	特にありません。	
7	7/9	3	5	A	「～するのは～だ」の表現を理解できる	It is ~to 動詞の原形で（動詞の原型）するのは～だという文を作れた。使える形容詞の種類を増やしておきたい。	特にありません。	
8	7/12	5	4	A	AIについて自分の考えを書ける	AI を使うことは～だということを不定詞を使って書くことができた。AI に操られるなんて日が来る可能性もなくはないと思うからあまり発達させすぎないようにしてほしいとも思う。	特にありません。	操られて生きていきたい人も中にはいるかも知れませんね。
9	7/13	4	5	A	職業体験について書ける（妄想）	妄想でも，不定詞を使って職業体験したとして書くことができた。自分の職業について英語で書けなかったので，書けるようにしておきたい。	特にありません。	
10	7/15	3	5	A	留守電のメッセージを理解して返信メールを書ける	リスニングがとても早かったけど，そこそこ聞き取れたので，これからもこの速さのリスニングを聞き慣れていきたいと思った。	特にありません。	
11	7/19	4	3	A	夏休みをむかえる	ついに夏休みがくるということで，様々なことを復習したが，夏休み後には期末テストが控えているため，夏休み中も復習していきたい。	特にありません。	
12	8/22	20	30	A	テストで80点以上取れる	夏休みでは余り単語練習に取り組む暇がなかったので（運コンの勉強と期末の勉強していたので），満点は取れないなと思っていたけど，3問は流石に多すぎるなと思った。もったいなかった「世紀」century は次は絶対書けるようにしておくのと，そもそも単語が出てこなかった「調べる」check と「濃い」thick の２つは単語がうっすらでもいいので浮かんでくるようにしておきたい。今回は最初の文字すら浮かんでこなかったので，少し悔しかった。それ以外の単語または連語はよく書けていて，全てあっていたので，期末でも間違えないようにしたい。また，今回のテストで出なかったものでも，難しそうな単語（strength とか relationship とか）と連語（name after とか according to とか）もあったので，それも覚えて期末に臨みたい。	特にありません。	
13	8/23	4	5	A	Unit3まとめる	期末テストにガッチリ入っている範囲なので，しっかり復習できて良かった。期末テストでは満点狙えるように頑張りたい。	特にありません。	
14	8/25	3	4	A	好きなことや得意なことを話そう	不定詞を使ってでも好きなことなどを言うことができて，良かった。また，相手のこともうまく聞き取れたので，次以降は詳しい情報まで聞き取れるようにしたい。	特にありません。	
15	8/26	2	3	A	友達に向いている職業を提案し，自分が向いている仕事について考える	好きなことや得意なことから相手の職業を提案することはとても難しいことだと感じた。自分の職業は，全員一致で医者と言われてびっくりした。	特にありません。	
16	8/30	2	4	C	自分のなりたい職業について，10年後の自分に向けてメッセージを書くことができる	休み。	特にありません。	
17	0				0			
18	0				0			
19	1/0				0			
20	1/0				0			

[illegible]	[illegible]	音読個人	ノート個人	家庭学習を振り返って	
270.8	163.0	73	76		夏休みを挟むことによって費例の回数となったが，２倍位も多くするとができた。だが，週コン・単語テスト・期末テストともに満点を取れなかったため，次は取れるように勉強方法を変えていきたいと思う。

単元の振り返り

A：完璧！　B：かなりできた！　C：あまりできなかった

英語の技能	ABC	単元を通してできるようになること
聞くこと	A	不定詞を用いた文の意味を理解して対話の内容を聞くことができる。
聞くこと	A	仕事の内容などについて話された対話の概要を捉えることができる。
読むこと	A	大切だと思う事や，するべきことなどについて書かれた文を読み取ることができる。
読むこと	A	自分の将来像や夢について考えるために，するべきことなどについて書かれた文の概要を捉えることができる。
話すこと（やり取り）	A	お互いの夢について，たずねたり答えたりすることができる。
話すこと（発表）	A	夢実現のためにしていることや，職業について情報を整理して説明できる。
書くこと	A	不定詞を用いた文の意味を理解して文を書くことができる。
書くこと	A	自分の将来像や夢について考えるために，するべきことなどについて書くことができる。

この単元でわかったこと，できるようになったこと，次の単元で頑張りたいことなどを記入。授業で理解したことを具体的に記入したり，次の単元や次回テストの目標を数値で書いたりしよう。
不定詞の名詞的用法以外の形容詞的用法，副詞的用法などの使い方を理解することができた。 不定詞を学習することによって，色々な文が具体的に説明できるようになった。「～をするために」を付け加えたりして，夏休みの思い出を描くこともできた。 また，~thing to～を使って，～するための何かという分も作ることができた。またこれに形容詞を挟んで，より詳しいものを説明できるようになった。 something cold to drink. など好きなことなどは，一年生の時の名詞的用法で表すことができ，さらにそこから相手の職業を英語で提案することができた。 今回のテストは，92 点でかなり不完全燃焼のまま終わってしまったので後期からはテスト３週間前くらいから勉強を始めて難しくなっても満点を取りに行く。

リフレクションシートの取組は，元々は紙で行っており，生徒が個人で管理していたものであったが，スプレッドシートで生徒間の共有を行うことで，学び合いの形が生まれ，生徒にとっても，より価値のある活動とすることができた。学校での学習を家で振り返りながら深められるという意味で，BYOD を生かしたリフレクションシートの活動は意義があると感じている。

（匂坂卓雄）

8

特別の教科　道徳

特別の教科　道徳での活用のポイント

2017年告示の中学校学習指導要領解説特別の教科　道徳編では「道徳教育の目標に基づき，よりよく生きるための基盤となる道徳性を養うため，道徳的諸価値についての理解を基に，自己を見つめ，物事を広い視野から多面的・多角的に考え，人間としての生き方についての考えを深める学習を通して，道徳的な判断力，心情，実践意欲と態度を育てる」と目標が示されている。また，2016年の考える道徳への転換に向けたワーキンググループにおいて，問題解決的な学習や道徳的行為に関する体験的な学習など，質の高い多様な指導方法を取り入れた授業の必要性が述べられ，「自分ならどうするか」という観点から道徳的価値と向き合うとともに，自分とは異なる意見をもつ他者と議論することを通して，道徳的価値を多面的・多角的に考えることや，他者との合意形成や具体的な解決策を得ること自体が目的ではなく，多面的・多角的な思考を通じて，道徳的価値の理解を自分自身との関わりの中で深めることの必要性が論じられるなど，考え，議論する道徳への転換が求められてきた。１人１台の端末はその道徳の時間における，生徒の考えを共有したり議論したりする時間を大幅に確保することを可能としてくれるものである。道徳の時間を通して自分や他者が考えたことを時間や場所を選ばず，その内容を共有することができるようになる。その活用事例を以下に紹介する。

事例

1　Googleフォームのアンケート機能の活用

授業前後にアンケートをとるケースは多々見られる。また，教材の内容に触れ，他者との議論を通してみられる生徒の思考の変容も即時に全体で共有することができる。例えば，道徳教材「臓器ドナー」（日本文教出版３年）の実践では，授業導入時と授業末で「あなたは自分の臓器を，病気で苦しんでいる家族や，臓器提供を必要としている他人のために，提供することができますか？」というアンケートを実施した。結果は以下の通りである（図１）。

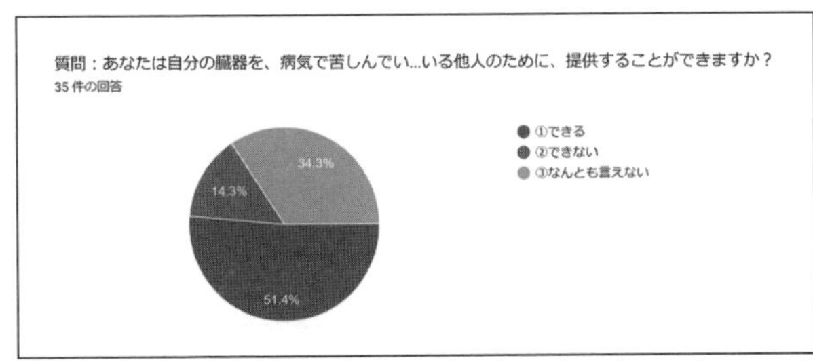

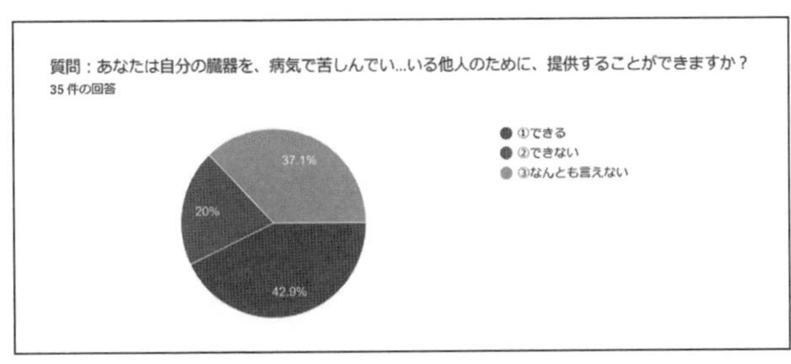

図１　授業導入時アンケート（上）と授業末アンケート（下）

その後教師がそれぞれの立場を選択した生徒に考えを問う。特に「なんとも言えない」立場の意見を取り上げることで，「できる」「できない」の意見の生徒は自分の考えが揺さぶられることになる。その後生徒同士の議論を行い，再度授業末にアンケートを行い，その結果を全体に示す。意見が変わったことに不安がある生徒や，一層考えが深まったとするいずれの生徒も，自らの回答に自信をもって発表することができることにつながる。

事例
2 Googleフォームを使用した考えたこと・感じたことの共有

同じくGoogleフォームだが，今度は学習後のまとめ入力で使用する。入力結果は，Googleスプレッドシートに集約されるため，授業を通して考えたことはすべてデータで蓄積される。授業後「生徒の声」がすぐに集まり，共有することが可能となる。従来では，多くの取り上げたい意見があっても授業末に数名の生徒しか発表させられなかったり，学級通信などで後日紹介するといった方法になりがちだった。これがまとめを集約したスプレッドシートを活用することで，すべての生徒の学習後のまとめを互いに見合うことが可能となる（図２）。

4．今日の授業を終えて、なぜ法やきまりが存在するのかなどについて思ったことや感じたことを入力してください。（50字以上）
元さんの取った行動などのルールを破っても致し方ないような理由がある場合もあるけれど、法や決まりは人の動きを制限したとしても、そ の人や周りの人の安全を守るためにあるのかなと思いました。
決まりがないと事故や怪我、事件などが起こってしまうからです。そうなると治安の悪化や対応などに時間がかかるなどデメリットしかない から
私は、共感する側だったけどもしなにか起きたら大事件になっていたのかと思うと、法や決まりはあって正しいものだと思った。でも、一概 に破ったからその人はだめだとも言えないし、その状況によると思うから、法やきまりによって人を取り締まったり、なにか処分を下したり するときにはきちんと自分たちの責任を考えてほしい。
人々の安全を守るためにルールは存在すると思う。元さんの気持ちは分かるけど自分だったらそうはしないなと思った。
事故や事件が起きないようにするためだと思いました。私も最初は元さんの気持ちに共感し、子どもたちを入れるべきだと思っていました が、事故が起こったら元も子もないので、やはり決まりは守るべきだと今回の授業を通して考え方が変わりました。
きまりが定められている範囲で守ることで、多くの人が過ごしやすかったり安全に生活できたりすると思う。また、きまりがあることでそれ を守ろうとすることも大事だと思う。
男の人（おじいちゃん）がやった行動には共感できるが、人の命を守るために決まりや法が存在していると思うので、やり方に問題があるの ではないかと思った。
ただ全部を厳しくするためだけに法やきまりがあるのではなくて、周囲の人が理解して楽しく、公平性がある楽しさを感じるために存在する と思いました。
法や決まりごとが存在しないと、今回やった「二通の手紙」の子供が危険な目になっていしまうかもしれないので法や、決まりごとはあった ほうが良いと思う。
「二通の手紙」法や決まりは、人々の安全を守るために存在するのではないかと考えた。元さんのように人の気持ちを考える事も大事だと思 うが、その時は安全面も考えて行動する事も大切だと思った。

図２　生徒の考えを集約したGoogleスプレッドシート

１つの，特定の価値観のみに触れるのではなく，同じ学習をした仲間の，多様な価値観に触れることで，さらに考えたり，議論したりするきっかけにもすることができる。また，この内容はGoogle Classroomを通して自宅で保護者もその内容を見ることができるので，授業の時間を通して考えたことを，時間や場所を選ばず共有し合うことが可能となる。

事例

3　Googleスプレッドシートの活用

授業の展開の中で，教材や発問に対する生徒の考えを生徒の声で発表してもらいたい場面がある。学級内には似た考えをもつ者や，議論の中で立場が同じ者，違う者など様々な声を取り入れたい場面がある。そのときにスプレッドシートを次のように，立場ごとに色分けして活用した（図3）。

生徒名	生徒名	生徒名	生徒名	生徒名	生徒名	生徒名
生徒名	生徒名	生徒名	生徒名	生徒名	生徒名	生徒名
生徒名	生徒名	生徒名	生徒名	生徒名	生徒名	生徒名
生徒名	生徒名	生徒名	生徒名	生徒名	生徒名	生徒名
生徒名	生徒名	生徒名	生徒名	生徒名	生徒名	生徒名

図3　立場表明シート

これによって生徒は自分や他の生徒についても考えの立場を明確にすることができ，かつどちらでもない，やや○○寄りといった意見についても色の濃淡で表現することができる。もちろん学習の内容によっては，色分けだけではなく，短文を記載させるなど使い分けをすることができる。教師もこのシートの色分けをもとに生徒を意図的に指名し，意見を教室全体に発表させたり，交流させたりすることがしやすくなる。これにより，考え，議論する道徳の時間をより行いやすくできるものと考える。

（山下尚也）

9

総合的な学習の時間

総合的な学習の時間での活用のポイント

2017年に告示された中学校学習指導要領解説総合的な学習の時間編では，総合的な学習の時間の目標を「探究的な見方・考え方を働かせ，横断的・総合的な学習を行うことを通して，よりよく課題を解決し，自己の生き方を考えていくための資質・能力を育成することを次のとおり目指す」としている。

本校では，総合的な学習の時間を「探究」の時間と名付け，学年の発達段階に応じた「課題の設定」「情報の収集」「整理・分析」「まとめ・表現」の探究サイクルを回すことを意識して取り組んできた。「探究」を学校の教育活動の中核に置き，横断的・総合的な学びの実現を目指して授業づくりを行ってきたのである。

その中で，１人１台端末環境の強みを生かして，様々な場面でChromebookを活用してきた。探究活動を行う事前準備として，情報活用に関する事柄，国語科に関する事柄を学ぶ授業や大学の教授を講師としてお招きしての図書館活用についての講義。情報の収集の手立てとして，例えばインターネットでの情報検索やZoomなどのWeb会議ツールの利用。Googleフォームを使用したアンケート調査。情報の整理・分析を行う際のGoogle Workspaceアプリを用いたファイルの共有と共同編集。まとめ・表現の際にはGoogleスライドで共同編集しながらプレゼンテーションを作成した。

このように，Chromebookの使用事例には枚挙に暇がないほどであるが，その中から３点に絞って具体的な事例を紹介する。

事例 1 探究のための基礎的・基本的なスキル習得と演習事例

小学校を卒業して入学してくる段階で，PC操作の習得度にはばらつきがある。ChromeOSのPC操作やキーボードの使い方に慣れるために，本校では毎朝の帯時間を設定してタイピング練習に取り組んでいる。

また，探究的な学習によりよく取り組んでいくために必要となる基礎的・基本的なスキルの習得を目指して，「主に情報活用に関する事項」と「主に国語科に関する事項」に取り組んでいる。

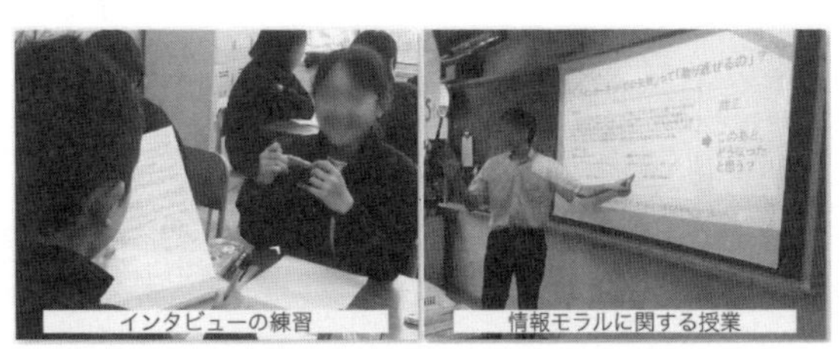

インタビューの練習　情報モラルに関する授業

	学習内容
主に情報活用に関する事項	電話のかけ方や手紙（お礼状）の書き方，電子メールの書き方，引用の仕方，参考文献等の書き方，インタビュー調査の方法など
主に国語科に関する事項	情報モラルやChromebookの活用方法，ICT機器の活用に関するルールづくり，適切なパスワードの設定方法，Google Workspaceの活用など

これらの取組により，個々の生徒のPC操作能力を底上げして，全員で同様の活動に取り組むことができることを保障するとともに，探究のサイクルを円滑に回すことができる環境を整えている。

事例 2 コロナ禍における情報の収集ツールとしての活用

本校では，中学２年で宿泊研修（札幌市），中学３年で修学旅行（東京都）

を行っている。その際に，各班が設定した探究する課題を解決するために，自主研修の訪問先を大学などの研究機関や官公庁，民間企業などの第一線で活躍されている方々のところへ設定していた。しかし，新型コロナウイルス感染症拡大により従来の実施がほぼ不可能な状態に追い込まれていた。

そこで，Zoom や Google Meet などの Web 会議システムを活用することにより，遠方のプロフェッショナルの方々にインタビューを申し込んで，情報を得ることができるようにした。

Web 会議システムを利用したインタビューの様子
大学や病院，市役所，民間企業まで多様なインタビュー先を確保することができた。

	メリット	デメリット
対面インタビュー	その場の雰囲気を肌で感じることができる	コロナ禍では実施が難しい場所が限られる
Web 会議でのインタビュー	インタビュー先の選択肢が無限に広がる	臨場感に乏しい

対面インタビューと Web 会議でのインタビューの比較

今後数年にかけて，新型コロナウイルス感染症に対する対処方法が変わることにより，対面インタビューの機会も広がる可能性があるが，情報収集に関しては Web 会議というツールが世の中に一般化したことを好機として，今後も積極的な利用が期待されるのではないだろうか。

事例

3 整理・分析，まとめ・表現での活用

集めた情報を整理・分析する際に，Google Workspace の Google ドキュメントや Google スプレッドシートを使用して作業を進めた。データベースとして情報を共有し，グループ内で共同編集しながら，１つのまとめを作成することができた。

まとめ・表現する際にも，ドキュメントで発表原稿を作成したり，Google スライドでプレゼンテーションを作成したりした。共同作業を進める上で欠かせないのが Google Classroom の機能だった。作業の進み具合を連絡するなど，チームのコミュニケーションツールとして非常に有用であった。

起動時間が短い Chromebook は学校での使用について相性が非常によく，本校で探究活動を進めるための必須アイテムとなっている。

（坂見　明）

【参考文献】

・文部科学省（2017）『中学校学習指導要領（平成29年告示）』東山書房
・文部科学省（2017）『中学校学習指導要領（平成29年告示）解説　総合的な学習の時間編』東山書房
・北海道教育大学附属函館中学校（2019）『「探究」が「市民」を育てる～「問い続け，行動し続ける15歳」への挑戦～』

10

学級活動

学級活動での活用のポイント

学校教育についてのICT活用というと「教科でのICT活用」を想像する人が多いのではないか。教科でのICT活用には限界があり，使う先生もいれば使わない先生もいる。特に教科担任制ではない小学校においてはまさしく担任の先生が使わなければ全く使わない学級と使う学級に分かれてしまう。先生方がICTを使わない理由として，今までのアナログ（例えば紙を用いた活動）方式のほうがやりやすいという意見を多く耳にする。それは教師，生徒ともにICTを活用するメリットを感じていないからである。さらにICT機器などの操作に不慣れのため時間がかかってしまう場面が多く活用が進まない。言い換えれば日常的に活用していれば，自然と操作が身につき，ICT活用が個人単位ではなく，学校単位で進む。つまりICT活用を促すには教科ではなく，特別活動とくに学級活動での活用が必要不可欠である。今回は「学級活動」での活用のポイントとその活用事例について紹介をする。

学級でのICT活用のポイントとして次の２つの視点が必要である。１つ目は「毎日使えるような工夫をすること」。たまに学級で使うのでは，操作スキルも身につかないし，アナログのほうがやりやすいと感じてしまう。とにかく毎日活用し，これがなくては学級運営が成り立たないという状況をつくることが必要である。例えば，学級日誌のデジタル化。学級日誌には，その日の授業の内容はもちろん，時間割，明日の持ち物，それ以外にも当日や翌日の連絡事項を入力する。そうすることで学級日誌を朝に確認しなければ１日が始まらない状況をつくり出す。学級日誌の詳細については，次の具体的な活用事例で説明をする。２つ目は「自由な発想で使わせること」。ICT活用はどうしても情報モラルなどの関係で，これもあれもダメとしてしまうことが多い。それではICTのよさが失われ，さらに使いづらくなるため活用が進まない。アンケート機能やスライドでの説明，共有機能での話し合いなど，学級活動において便利な機能がたくさんあり，それを生徒の自由な発想で活用することが必要である。これについても次の具体的な活動事例で説明する。

事例 1　学級日誌のデジタル化

本校における学級日誌の役割は，日々の内容を記載するだけでなく，毎朝の連絡事項，次の日の持ち物，授業の様子や欠席者など様々な情報を記載している。学級日誌をデジタル化（図１）することで，内容を共同編集できるため日誌の冊子を回す必要もないし，端末持ち帰りが可能であれば家でもどこでも記入や確認ができる。教師の入力や確認についても場所や時間を選ぶことなく可能となり，大変便利である。

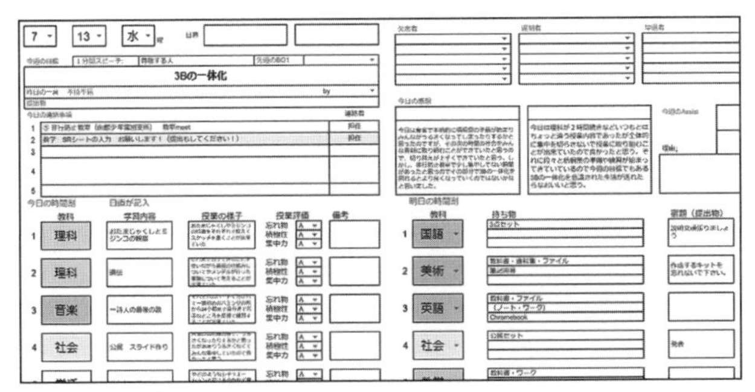

図１　デジタル学級日誌

また，画像やURLなどを貼り付けることも可能であり，現在ではコロナ禍で授業に参加できない生徒のために板書や授業スライドなどを貼り付けることなども行っている（図２）。朝の会，帰りの会で学級日誌を確認させることで，毎日端末を見る習慣がつき，またそれぞれが入力をすることで自然と操作スキルを身につけることができるようになる。

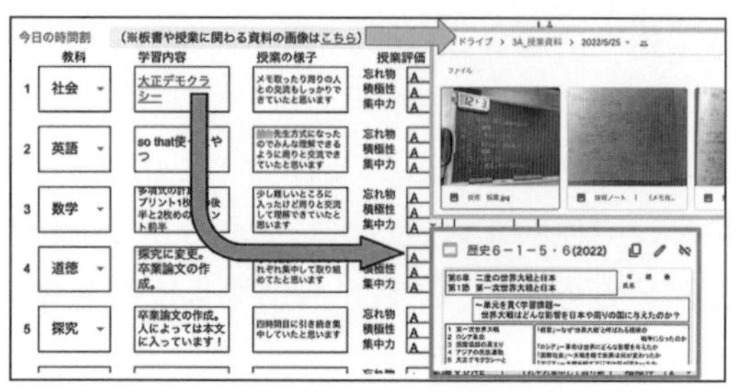

図２　板書や授業スライドの貼り付け

事例
2　Google フォームの活用

学級活動において Google フォームは主に健康調査，学校行事の振り返りで活用している。

冬季期間になると始まる健康調査。健康調査は以前は挙手制で体調不良者などの人数を確認していた。それを委員会の生徒が養護教諭に人数を伝えるという流れを毎日行っていた。これがフォームを活用すると，共同編集者である養護教諭にすべてのクラスの状況が一瞬で集まる。コロナ禍で休校になった際もフォームをすぐに活用し，家にいる生徒の健康状態を把握することができた（図３）。

1	2	3	4	5	6	7	8	9
水	木	金	土	日	月	火	水	木
○ 36.3℃	○ 36.5℃	○ 36.0℃以下	○ 36.4℃	○ 36.0℃以下	○ 36.2℃	○ 36.5℃	○ 36.0℃以下	○ 36.3
○ 36.1℃	○ 36.1℃	○ 36.4℃	○ 36.4℃	○ 36.1℃	○ 36.2℃	○ 36.1℃	○ 36.1℃	○ 36.3
	○ 36.6℃	○ 36.6℃			○ 36.9℃	○ 36.6℃	○ 36.5℃	○ 36.5
○ 36.3℃	○ 36.0℃以下	○ 36.1℃		○ 36.4℃	○ 36.3℃	○ 36.5℃	○ 36.1℃	○ 36.2
○ 36.0℃以下	○ 36.0℃以下	○ 36.0℃以下		○ 36.0℃以下	○ 36.0℃以下	○ 36.0℃以下	○ 36.0℃以下	○ 36.0℃
○ 36.4℃	○ 36.1℃	○ 36.1℃	○ 36.2℃	○ 36.0℃以下	○ 36.2℃	○ 36.1℃	○ 36.0℃以下	○ 36.3
	○ 36.5℃	○ 36.4℃			○ 36.4℃	○ 36.3℃	○ 36.3℃	○ 36.4
○ 36.0℃以下	○ 36.0℃以下	○ 36.0℃以下		○ 36.0℃以下	○ 36.0℃以下	○ 36.0℃以下	○ 36.0℃以下	○ 36.0℃
○ 36.7℃	○ 36.8℃	○ 36.8℃	○ 36.6℃	○ 36.4℃	○ 36.5℃	○ 36.6℃	○ 36.5℃	○ 36.6
○ 36.7℃	○ 36.6℃	○ 36.5℃		○ 36.4℃	○ 36.6℃	○ 36.6℃	○ 36.2℃	○ 36.6
○ 36.7℃	○ 36.8℃	○ 36.7℃	○ 36.7℃	○ 36.9℃	○ 36.7℃	○ 36.6℃	○ 36.8℃	○ 36.7
	○ 36.5℃	○ 36.3℃		○ 36.6℃	○ 36.8℃	○ 36.5℃	○ 36.3℃	○ 36.8
	○ 36.3℃	○ 36.2℃			○ 36.2℃	○ 36.7℃	○ 36.6℃	○ 36.5

ームの回答１ ▾　9月 ▾　9月フォームの回答 ▾　8月 ▾　7月 ▾　6月 ▾　5月 ▾　4月 ▾

図３　健康調査

また学校行事での振り返りもただの感想に終わるのではなく，数値による自己評価（図４）をしてもらうことで次年度の学校行事などに活用することもできる。さらにデジタルを活用することで，データの蓄積が瞬時にでき，教師にとっても生徒にとってもメリットが大きい。

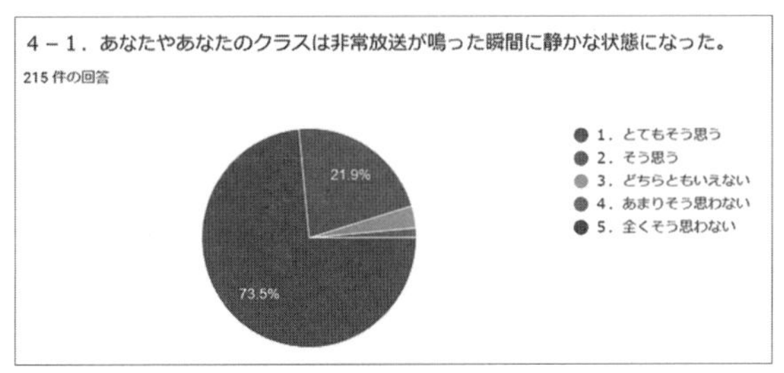

図４　避難訓練の振り返り

事例

3 Google サイトの活用

他にも朝のスピーチにスライドを用いたり，学級での話し合いを共同編集のコメント機能などを使い会話を蓄積しながら行ったりと，生徒が主体的に活用している。現在それらの内容は視覚的にも見やすくまとめやすい学級のポータルサイトで蓄積をしている（図５）。ポータルサイトは保護者などにも見られるようにしている。

図５　学級のポータルサイト

これら学級での活用が進むと生徒自身が使い方やメリットを学び，それによって学校全体での ICT 活用が進むようになるのである。

（有金大輔）

11

生徒会活動

生徒会活動での活用のポイント

学習指導要領解説特別活動編では生徒会活動は，「全校の生徒をもって組織する生徒会において，学校における自分たちの生活の充実・発展や学校生活の改善・向上を目指すために，生徒の立場から自発的，自治的に行われる活動である。……『学校生活の充実と向上を図るための諸問題の解決に向けて，計画を立て役割を分担し，協力して運営することに自主的，実践的に取り組む』とは，生徒会活動の基本的な学習過程を示したものである。学校全体の生活をよりよくするために，集団生活や人間関係などの諸問題から課題を見いだし，生徒会活動の様々な場面で話し合って計画を立て役割を分担し，その解決に向けて自分の役割や責任を果たすなど自発的，自治的に取り組むことを示している」とされている。

生徒会活動は，全校の生徒が参加するもので，多くの活動の形がある。その関わり方によって生徒は様々なことを学び体験していく。生徒会活動の内容として「⑴生徒会の組織づくりと生徒会活動の計画や運営」「⑵学校行事への協力」「⑶ボランティア活動などの社会参画」がある。本校では，⑴に関わる生徒総会や⑵に関わる体育祭や学校祭（梧桐祭）に関わる活動を通して Chromebook を活用した。

コロナ渦という現状において，本校では屋内で行われる行事や集会について人数を制限して行ってきた。そのため，行事等では Chromebook を使用し，生徒会の Google Classroom を活用した Google Meet を中心に，運営を行ってきた。生徒会の Classroom には全校生徒が参加しており，教室で

Meet をつなぐ際は各学級の広報委員が準備を行う。生徒会は体育館で待機し，ICT を担当する教員が体育館の ICT の準備を行う。準備をする生徒や教員が決まっていることが，スムーズな対応を可能としている。教室には担任がおり，映像や音声の不具合があるときは，副担任が体育館等の教員と連携するという対応も確立している。

事例 1 生徒会の組織づくりと生徒会活動の計画や運営での活用

今年度の生徒会の取組としては以下のものがあり，会場準備や参加生徒への対応，司会を行った。

- ・部活動集会　・対面式　・前期任命式／後期任命式
- ・前期生徒総会／後期生徒総会　・体育祭　表彰式
- ・中体連陸上・水泳大会　壮行式
- ・中体連総合大会　壮行式
- ・中体連陸上・水泳・総合大会報告会　表彰式
- ・学校祭（梧桐祭）

部活動紹介や中体連総合大会壮行式では，生徒会が体育館で待機し，各部活動の選手は控室で自分たちの順番がくるまで待機した。その際，キャプテンが自分の Chromebook を Meet につなぎ，タイミングを見て各部が密を避けながら順番に体育館に入場した。

生徒総会では，多目的室に生徒会，議長，専門委員長，学級委員１名が集まり，各学級と Meet をつないだ。学級委員からの質問の後，学級で Meet を視聴している生徒にも意見や質問を求めるなどの対応も行った。生徒総会で発言する議長や専門委員長がヘッドホン付きマイクを使用することで，クリアな音声を学級に届けることが可能となった。

また，委員会活動では，計画や反省時，各自が Chromebook を見て内容を確認することができ，書記が打ち込んだ内容を全員がすぐに共有することができるなど，委員会の時間の短縮につながり，時間を有効利用することにつながっている。

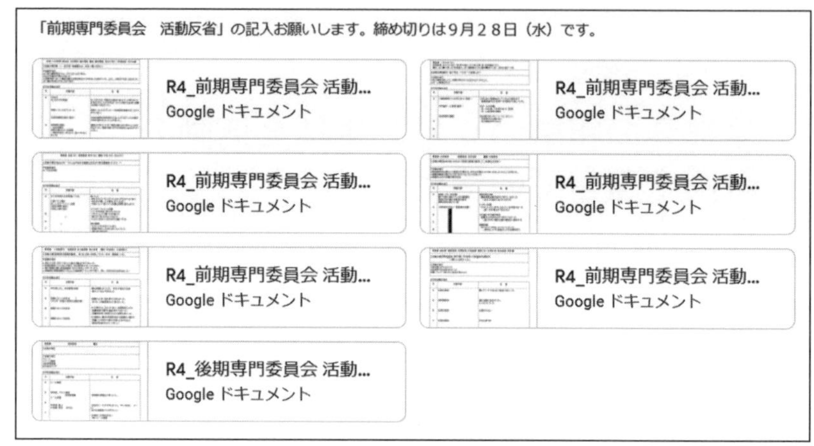

図１　前期専門員会　活動反省のフォーム

また，Chromebook を活用した生徒会の活動としては，以下のものがある。

- 「もしも BOX」（生徒の意見や質問を受け返答を行う）
- 生徒会通信
- 校則についてのアンケート
- 体育祭の PV 制作　　・学校祭（梧桐祭）の PV 制作
- 学校祭のテーマ決めのアンケート

「もしも BOX」や校則についてのアンケート，学校祭のテーマを決めるためのアンケートは Chromebook の Google フォームで行った。紙ではなく Chromebook を使用することで，回収や集計に手間がかからず，回答者も自分の都合のよい時間で回答できるというメリットが大きかった。この生徒会の Classroom は全校生徒にアンケートや連絡をするときに活用されており，学校祭では美術部がファッションコンテストの投票などに利用した。

体育祭・学校祭のPVは，生徒たちが学校のPCを使用して制作し，生徒会のClassroomに上げている。

このように，本校では生徒会活動の中でChromebookが積極的に使用されており，情報の共有や効率的な作業，時間を短縮するなどの点でメリットが大きい。

図2　前期生徒総会の様子

図3　前期生徒総会の様子

（濱地文恵）

12

学校行事

学校行事での活用のポイント

本校ではBYOD／BYADによるChromebook端末の導入が進められてきた。またChrome Education UpgradeをMDM（端末管理ツール）として導入することで生徒の所持する端末のセキュリティや更新，インターネットの閲覧制限なども一元管理を可能としている。

こうした環境下で，本校職員並びに生徒はGoogle Classroom（学校向け無料のWebサービス）を介して，学級や教科，部活動などのコミュニティごとにGoogleドキュメント，スプレッドシート，スライドなどの形で情報や課題を日常的に共有している。これによって，例えば教科の学習では各生徒の学習成果物を教師側がチェックし，適宜コメントの添付や評価をしたり，それに対して生徒がレスポンスを返したりすることが円滑になされている。

また，生徒会活動では委員会の活動の記録を所定のフォーマットに入力することで，本校の職員生徒であればいつでも閲覧が可能になっている。従来の紙媒体であれば，閲覧のために所定の手続きや許可が必要であったり，紛失の可能性があったりした情報が，帰宅後の家庭からでも容易に閲覧可能な非常にオープンな情報に変わった。

このように，ある教科や活動において生徒が必要に応じて，容易に情報にアクセスが可能になったことで，生徒が自分で判断したり，教師にコンタクトをとったり，ファイル上で共同作業をしたりすることが可能となった。

このような環境は生徒の自律的な活動や学習を促す上で１つのポイントになると考える。

事例 1

生徒会行事「生徒総会」における答弁原稿の制作

学習指導要領の「第５章　特別活動」では内容の取扱いについては，次の事項に配慮するものとして「⑴学級活動及び生徒会活動の指導については，指導内容の特質に応じて，教師の適切な指導の下に，生徒の自発的，自治的な活動が効果的に展開されるようにすること。その際，よりよい生活を築くために自分たちできまりをつくって守る活動などを充実するよう工夫すること」とある。生徒総会において配慮されるべき内容として押さえておきたい。

さて，本校の2022年度前期生徒総会は，下表のように修学旅行と近い時期に実施された。３年生は前期の委員会計画案を立てた翌日には修学旅行に出発し，議案書審議の前日まで登校がない。さらに議案書審議から２登校日で生徒総会（１校時）という日程となっている。各委員会顧問と委員長の指導や打ち合わせの時間は非常に限られている。

4/11	月	前期委員会
4/12	火	3年 修学旅行
4/13	水	3年 修学旅行
4/14	木	3年 修学旅行
4/15	金	3年 修学旅行
4/16	土	3年 自宅待機
4/17	日	3年 自宅待機
4/18	月	3年 自宅待機
4/19	火	
4/20	水	議案書審議
4/21	木	
4/22	金	
4/23	土	
4/24	日	
4/25	月	生徒総会（1校時）

BYOD／BYAD 並びに MDM 導入による情報共有環境が整えられる以前であれば，

1　直前まで計画案が委員長の手元にない（議案書制作のため執行部に提出済み）
2　質疑内容は４月21日までわからない（執行部の編集・印刷過程を挟むため）
3　顧問との打ち合わせは２登校日のみ

という条件で答弁原稿制作となる。

ところが1，2の問題は右図のように各委員会の計画案や各学級の議事録がすぐに見られることで大きく改善する。

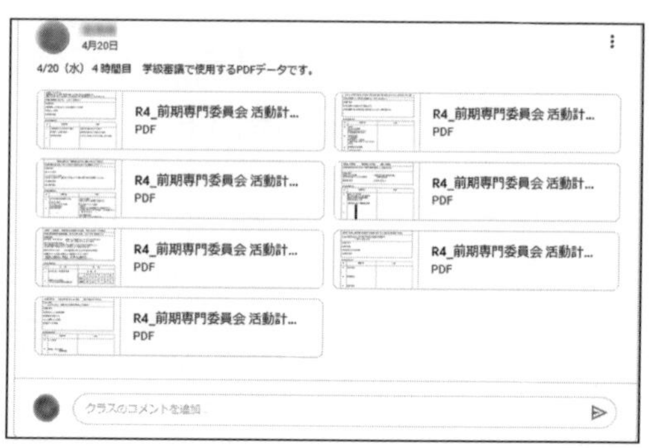

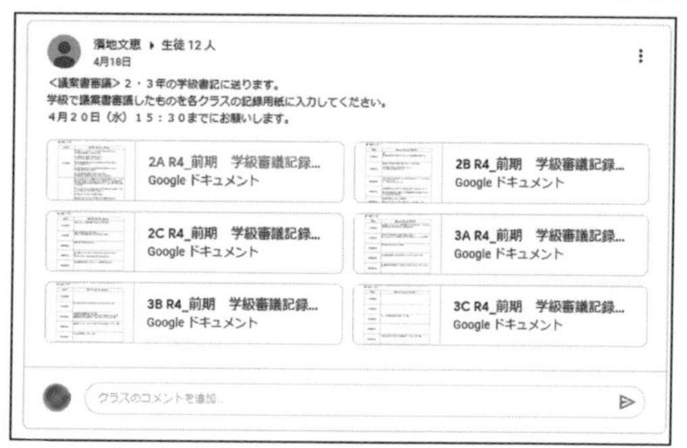

各委員長は事前に所属する委員会の活動計画を確認して質疑に備え，各学級からの質疑内容はその日の内にすべて確認することができる。

私が担当した図書委員長の場合，修学旅行から帰ってきた自宅待機期間中に活動計画に目を通して内容を再確認し，自主的に各学級からの質問や意見に備えていた様子が見られた。

また，「３年生として部活動に集中したい」という希望があり，放課後に時間を割いて顧問と打ち合わせるのではなく，答弁原稿のドキュメントファイルを共有し，お互いの都合のよい時間帯に制作中の原稿にコメントを添付したり，本文に直接朱書きの訂正を加えたりすることで打ち合わせと確認を進めたいという提案を受けた。併せて，土日を含めた原稿完成までのタイムスケジュールも提案してくるなど，生徒が主体的に見通しをもって活動する姿が見られた。

こうした主体的行動や判断が可能になった背景こそがBYOD／BYADをベースとした学校環境の整備であり，日常的に行われる教師とのファイル共有を通したやり取りの経験であり，様々な情報がクラウド上で共有されている環境であると考える。

事例

2 学校祭における広報映像

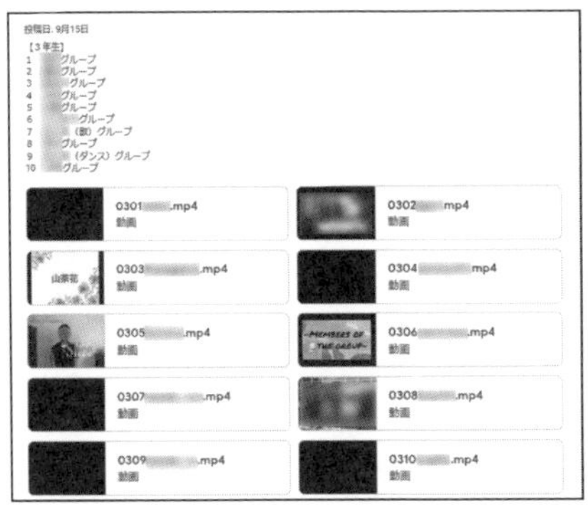

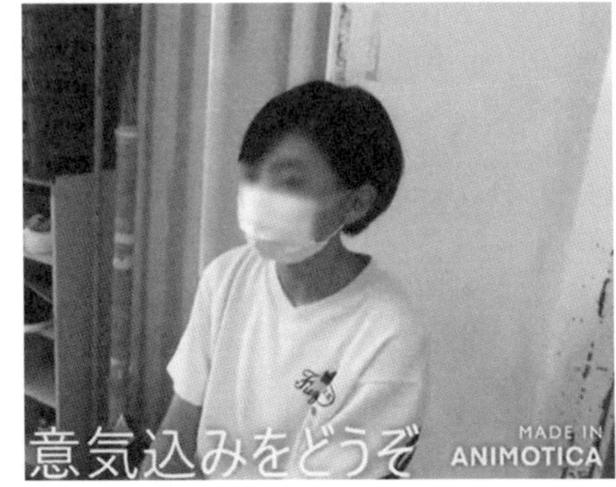

学校祭の PR 映像の活用も BYOD／BYAD と情報共有環境によって，生徒の自主性が伸長されている。

生徒が所有している Chromebook は動画撮影も容易であり，映像素材を非常に簡単に集めることができる。

また PC 教室には画像編集に適した高スペックの PC が別途用意されており，Chromebook で撮影した動画をもとに編集作業が行える。

何より，制作した PR 映像は生徒会 Classroom にアップされることで全校生徒に公開され，反応や感想が生徒間の話題などを通じて返ってくる。学年が上がるとともに，映像制作者や撮影されるパフォーマンスチームの見せる・見られる意識やモチベーションが高まり，より質の高い映像になっていくことがよくわかる。

教師による評価でなく，生徒同士の率直な感想がそのまま相互評価としてフィードバックされ，BYOD／BYAD により場所を問わず創意工夫や意見交流，情報共有が可能な環境が，このような生徒の主体的，創造的であり，不特定多数を対象としながら，確かな相手意識と目的意識をもった活動を可能としている。

（鈴木秀俊）

13

進路指導

進路指導での活用のポイント

「平成18年度文部科学省白書」第２章第６節「初等中等教育段階におけるキャリア教育の推進」３.「中学校における進路指導の改善」によると「中学校における進路指導は，生徒が自らの生き方を考え，将来に対する目的意識を持ち，自分の意志と責任で進路を選択・決定する能力・態度を身に付けることができるよう，学校の教育活動全体を通じ，計画的・組織的に指導・援助すること」と定義されている。

ここでは「進路指導」における，デジタルデバイスのBYOD／BYADの実践事例を紹介するが，特に新学習指導要領における，特別活動「学級活動」２「内容」⑶「一人一人のキャリア形成と自己実現」にある「ウ　主体的な進路の選択と将来設計　目標をもって，生き方や進路に関する適切な情報を収集・整理し，自己の個性や興味・関心と照らして考えること」等の観点からの実践事例を紹介していきたいと思う。

事例1 Google Workspace, Google Classroomの活用

入試情報は各高等学校や関連機関，教育委員会から提供されるが，従来であれば「進路通信」などの紙媒体で情報を発信する機会が一般的であったと思う。しかし，Google Classroomの活用によって即時的に生徒及び保護者に正しい情報を提供することができる。

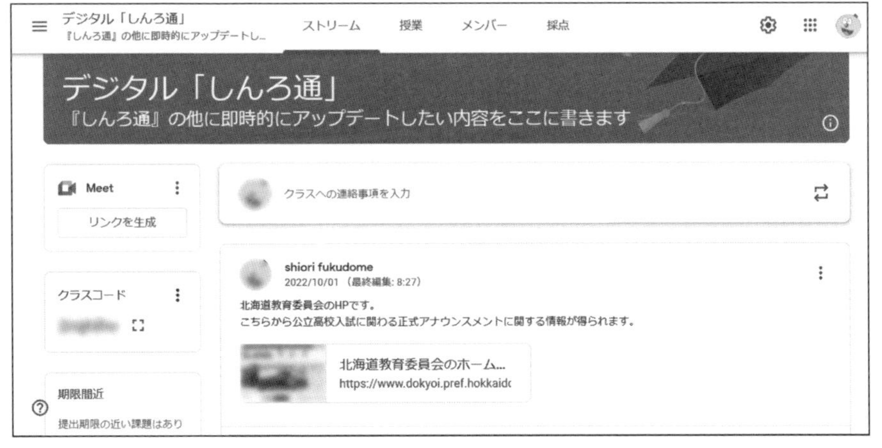

図1　進路指導における Classroom の活用

しかしながら，淡々とただ URL を貼り付けているだけでは生徒や保護者たちが自主的にかつ定期的にこのデジタル版進路通信を閲覧しにくることは，残念ながらあまり期待できない。

そこで，もともと紙媒体で発行している進路通信や，直接生徒たちに進路指導する際の話の中身などを Classroom の運営とうまく連結させていくことが重要となる。

その「連結」というものも難しいものではなく，「A 高校の入学生徒募集要項が新しくアップされていましたので，デジタルの方の通信にリンクを貼っておいたから，志望者は確認おねがいしますね」などと口頭や紙媒体「しんろ通（本校の進路通信のタイトル）」でマメにアナウンスしておけばよいのである。この地道な「連結」を担当者が意識的に繰り返すことが，生徒本人やその保護者の日常的な，この Classroom 上の「デジタル『しんろ通』」の閲覧の習慣化および利用につながる。多様な情報を即時的に伝達できるというデジタルの恩恵を生徒・保護者にもたらすためには，従来のアナログ的な方法も意図的に組み入れる工夫をすることも重要と考える。

「デジタル『しんろ通』」はそんな工夫を重ね，週末や夏季休業など長期休業中においても継続的かつ円滑に進路情報を提供していくことを可能にした。

下記の画面は，休日等に開催された高等学校のオープンスクールで活用したものである。

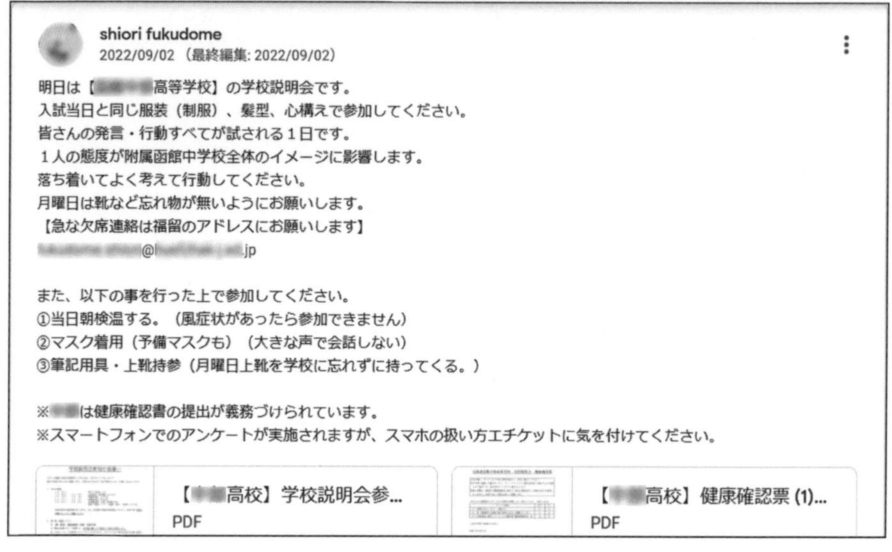

shiori fukudome
2022/09/02（最終編集: 2022/09/02）

明日は【　　高等学校】の学校説明会です。
入試当日と同じ服装（制服）、髪型、心構えで参加してください。
皆さんの発言・行動すべてが試される１日です。
１人の態度が附属函館中学校全体のイメージに影響します。
落ち着いてよく考えて行動してください。
月曜日は靴など忘れ物が無いようにお願いします。
【急な欠席連絡は福留のアドレスにお願いします】
@　.jp

また、以下の事を行った上で参加してください。
①当日朝検温する。（風症状があったら参加できません）
②マスク着用（予備マスクも）（大きな声で会話しない）
③筆記用具・上靴持参（月曜日上靴を学校に忘れずに持ってくる。）

※　は健康確認書の提出が義務づけられています。
※スマートフォンでのアンケートが実施されますが、スマホの扱い方エチケットに気を付けてください。

【　高校】学校説明会参...
PDF

【　高校】健康確認票 (1)...
PDF

図２　学校説明会についての連絡例

オープンスクール等が開催される前には，参加希望生徒を教室等に集めて，紙媒体の資料などを配付しながら注意事項等を説明するような事前指導は従来通り行っている。直接生徒たちの一人ひとりの表情を確かめながら，訪問の意義や注意点を指導し，しっかりと理解させることは重要なことである。

このような以前から行われ続けてきた対面の指導に加えて，事前の指導内容や関係資料を上記のようにClassroomで再提示することで，欠席等で事前指導に参加できなかった生徒や，それぞれの保護者とも事前の指導内容等を共有でき，共通理解を図ることができた。

落ち着いてよく考えて行動してください。
月曜日は靴など忘れ物が無いようにお願いします。
【急な欠席連絡は福留のアドレスにお願いします】
[illegible]@[illegible].jp

図３　緊急時の連絡先の表示

また，以上のように担当者のアドレスを添えることで，健康不安からの不参加連絡や相談にも，比較的素早く対応可能であった。

しかし，これはオープンスクール等の比較的日常に近い場面における活用例である。欠席連絡の対応については，例えば入学試験本番当日などの場合は，情報伝達確実性のみならず様々な手続きや責任が伴うものと考えるので，伝達手段の選択決定については，各学校の管理職，職員間等とよく協議したほうがよいと考える。

進路指導というものは，生徒本人のみならず保護者の思いや，その奥に潜在する様々な状況を慎重に察知し，丁寧にくみ取りながら個々の生徒の成長を支えつつ，共に力をあわせて最善の方策を求めていくという大切な教育の営みの１つである。それぞれの生徒が自己実現に向け成長していくというかけがえのない過程を，「進路指導」という形で支えていく際の教師としての心構えや覚悟は，どんなに技術が発達しようが，情報活用のための技術がいかに高度化しようが普遍的であり，変わるものではない。

一方でまた，教育現場に導入されているデバイスやアプリを進路指導，特に「主体的な進路の選択と将来設計　目標をもって，生き方や進路に関する適切な情報を収集・整理し，自己の個性や興味・関心と照らして考えること」のために上手に活用することで，生徒や保護者へ有益な進路情報を即時的かつ容易に共有化していくことを可能とすることができる。技術の適切な活用による進路情報の提供は，生徒の自己実現の歩みをそっと後押しすることにつながっていくものと信じている。

（福留志織）

14 職員室

職員室での活動のポイント

AI 技術が高度に発達する Society 5.0時代というミライの社会を見据え，社会全体，そして教育の現場においてもデジタルトランスフォーメーション（DX）が加速していく大きな潮流の中で，学校教育の基盤としても ICT は必要不可欠なものになりつつある。このような社会的背景を踏まえた中，多様な校務の在り方においても，情報化を促進し，大きな変容を遂げる必要があると考えている。

校務の情報化は，効率的な校務処理とその結果生み出される教育活動の質の改善，教員のゆとり確保が目的である。紙ベースで行われていた校務を見直し，ICT を活用することで，校務の情報化につなげられるものはつなげていく。校務の情報化を促進するにあたり，情報のデータ化に不安を感じる場合もあろうかと思うが，第三者機関による認証（ISO/IEC 27017，27018）等に基づき，適切にセキュリティ基準を満たしているとの判断の上で教育委員会・学校が構築・管理・採用している環境は，クラウドの利用を含め「組織内部」と整理できるため，クラウドへのアップロードは「組織外部への情報資産持ち出し」や「情報の外部送信」にはあたらない。

クラウドを効果的に活用することは，PC 等の媒体を選ばず，どこにいても校務の情報の取得が可能となる。場合によっては教職員が個人で所有するスマートフォン等でも情報の取得が可能となる。この利便性により，校務の情報化をさらに促進させることができ，教職員全体での情報共有を徹底することが可能となるのである。

事例

1 Googleスライドを活用をした予定の提示

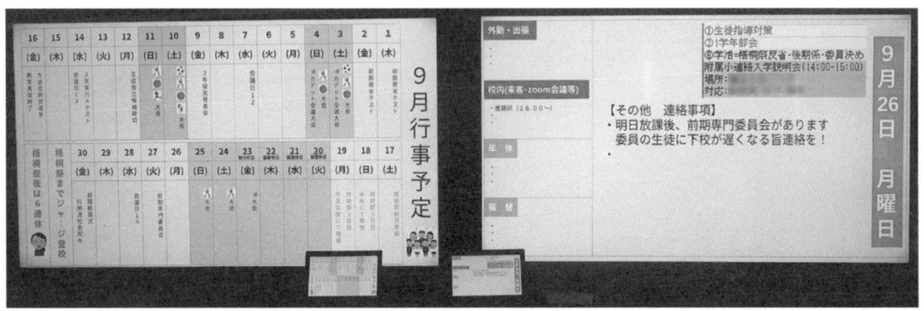

図1　職員室にある２つのディスプレイ

月予定や時間割等を記載した週予定等は紙ベースでも発行している。教職員の利便性を考えての配慮だが，職員室内での掲示を，本校ではディスプレイ表示にて行っている。図１の予定表は，どちらもGoogleスライドを活用し，クラウド上で教職員に共有・保存を行っているため，誰でも，どこでも閲覧や編集が可能である。

図１の右側のディスプレイは本日の予定である。年間・月・週の中で計画的に校務を実施していても，突如の連絡はある。その連絡を，Googleスライドで編集することで，教職員全体に情報共有の徹底を図っている。

学級担任は教室にPCを持参し，この画面を閲覧しながら生徒への連絡を行う。外勤や年休等の状況も，このGoogleスライドの編集で行い，全体に情報共有しているため，学校日誌等の代用にもなっており，校務の効率化が図られている。

本校ではクラウド上のGoogleスライドが，教職員の情報共有の一翼を担っている。

事例

2 Googleスプレッドシートを活用した職員会議の議題の共有

		2022年度 会議日 議題一覧		
No,	日付	副校長・主幹	教務部	
0	4月4日		・教務部年間運営計画 ・教育課程編成 ・1・2年実力テスト （テスト心得等含む） ・キャリアパスポート計画 ・副教材一覧確認 ・出欠の記録 ・職員室ディスプレイ使用	・指導部年 ・生活ＯＲ ・保健関係 （学校保健 ・任命式& ・体育祭実 （体育祭 ・学級旗作
1	4月6日	・全国学力学習状況調査 （3年）	・個人保護者会 ・授業参観について (学年･PTA･部活保護者会含) ・成績保護者文書 ・附中だより計画提案 ・年間計画訂正版	・前期生徒 （議案書 ・１年心電 ・尿検査(・内科検診

図2　Googleスプレッドシートを活用した職員会議議題一覧の一部

職員会議の議題一覧も，Googleスプレッドシートを活用し，クラウド上で教職員全体に情報共有の徹底を図っている。

年度初めに必要な会議議題は教務にて一括で編集している。職員会議の時期が近づき，提案を早めたり，次回に回したり等の微調整は，各分掌が行っている。このGoogleスプレッドシートにより，何が，いつ，提案されるのかを，教職員全体で情報共有を図ることができている。

また，クラウド上に職員会議の日付を入れたフォルダを，年度初めに作成しているため，提案者は早めに提案資料を作成した場合にも，提案日のフォルダにデータを入れることができ，効果的に活用されている。

事例
3 Google Chat（スペース機能）を活用した教職員全体の情報共有

6月28日, 12:34
バレー　中に2-0で勝ち、決勝戦へ。決勝は昨日負けた　中です。

tuyoshi moriya 6月28日, 12:50
サッカー　1対2で　に負けました

6月28日, 14:15
バレー 残念ながら1-2で　中に負けました。準優勝でした。
3　2

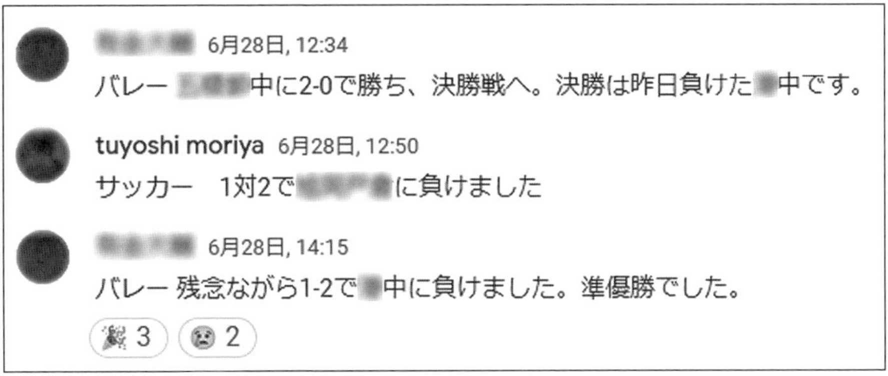

図３　スペースを活用した教職員全体による情報共有の一部

チャットのような感覚で情報を打ち込めるスペースという機能がある。この機能を，本校では様々な情報の共有場面において活用している。

図３は中体連総合大会の結果の連絡にスペースを活用した例である。中体連の期間は，様々な会場で競技が行われているため，教職員全体に情報の共有を図ることは困難である。しかし，スペースを活用することで，その結果を入力すれば，誰でも，いつでも閲覧が可能である。もちろん，PC 等の媒体を選ばず，個人所有のスマートフォンでも閲覧・編集が可能である。

本校では，教職員全体の情報共有を図る手段として，このスペースを様々な場面で活用している。長期休業中の保護者からの学校への連絡内容や，コロナ対応に関する情報，宿泊研修や修学旅行等の旅行的行事の中でも活用している。教職員全体の情報共有を図るために，今やチャット機能を兼ね備えたスペースは必要不可欠なものとなっている。

（森谷　剛）

15

保健室

保健室での活用のポイント

本校では生徒の１人１台端末の所有が始まり，同時に校内研修でその活用についての研修を受けたときに，この仕組みを保健管理や保健指導へ活用ができないかを模索してきた。そこでいち早く活用を始めたのは「Google フォームによる健康観察」である。活用前は，始業前に担任や係生徒が一人ひとりの体調を確認し，一覧表に症状を記入したものを保健室へ届けていた。その健康観察の調査項目をフォームで作成し，生徒一人ひとりに毎朝，入力してもらう取組を始めた。健康観察を自分で入力してもらうことで，自身の健康状態に目を向けることになり健康管理の動機付けになった。また，以前のように体調などの個人情報を公表することなく，保健室へ知らせることができるようになった。

2020年の新型コロナウイルス感染症流行による全国一斉臨時休業の際には，すでに「フォームによる健康観察」が定着していたため，調査項目に体温や心の不安や悩みを入力できる項目を付け加えるなど，その都度フォームの内容を見直し，生徒にストレスなく対応することができるよう工夫した。

一斉休業が明けてから「クラスの朝の健康観察入力状況を確認して入力していない人に呼びかけたい」と係生徒からの申し出があった。そこで，健康観察の Google スプレットシートの番号氏名部分のみをインポートさせた係生徒専用スプレットシートを作成し係生徒と閲覧共有した。これにより入力漏れも減らすことができた。

「Google フォームによる健康調査」の活用によって，体調不良者をいち早く把握できることから，感染症対策にも効果を発揮し生徒の意識も高まったと感じている。また，保健室へ来室した生徒への問診も健康観察の情報からスムーズに行うことができ，安心感を与えられていると感じている。

事例 1 Google フォームによる健康調査

フォームは学級単位で作成し，学級担任と編集者共有し，各クラスの Google Classroom に貼ってもらい，生徒の入力につなげた。全校の健康観察フォルダは全教職員と閲覧共有とした。

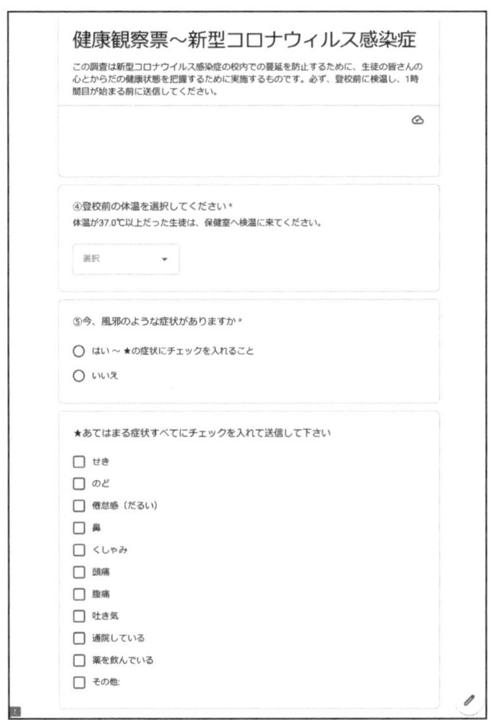

健康観察票～新型コロナウィルス感染症

この調査は新型コロナウイルス感染症の校内での蔓延を防止するために、生徒の皆さんの心とからだの健康状態を把握するために実施するものです。必ず、登校前に検温し、1時間目が始まる前に送信してください。

④登校前の体温を選択してください *
体温が37.0℃以上だった生徒は、保健室へ検温に来てください。

選択

⑤今、風邪のような症状がありますか *

- ○ はい ～ ★の症状にチェックを入れること
- ○ いいえ

★あてはまる症状すべてにチェックを入れて送信して下さい

- □ せき
- □ のど
- □ 倦怠感（だるい）
- □ 鼻
- □ くしゃみ
- □ 頭痛
- □ 腹痛
- □ 吐き気
- □ 通院している
- □ 薬を飲んでいる
- □ その他:

生徒入力用フォーム（一部抜粋）

入力された情報は同時にグラフ化され，クラスに体調不良者がいるかどうかをひと目で確認できる。

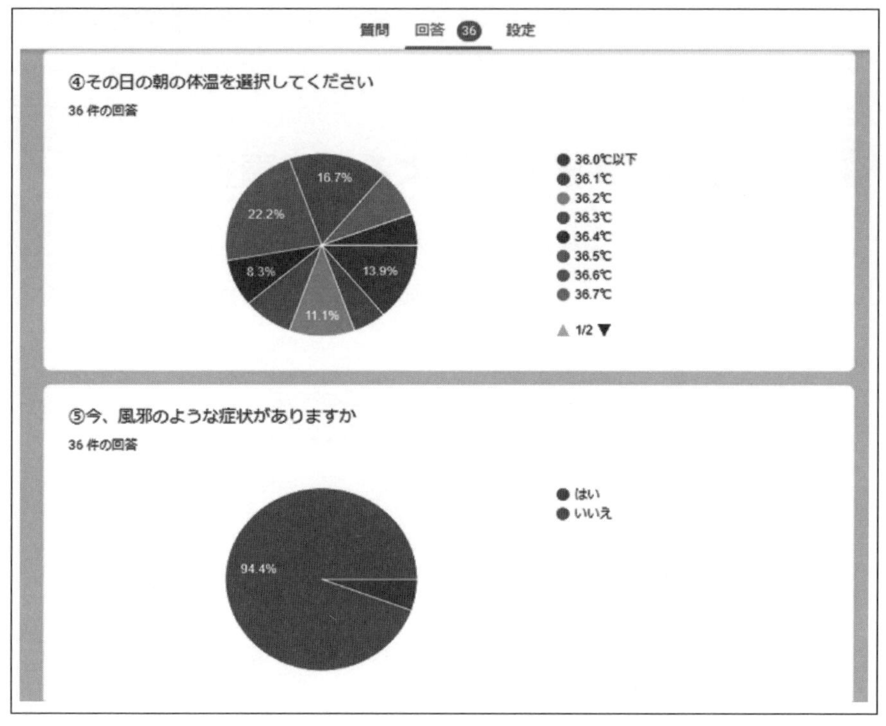

クラスのフォームの「回答」タブでグラフを確認し，体調不良生徒がいた場合，同時に作成されるスプレットシートで個人を特定し，保健指導につなげる。

入力された情報はすぐにスプレットシートの一覧表になる。

	A	B	C	D	F	G	H	I	J	K
1	タイムスタンプ	メ	①日にちを選	②あなた	④その日の朝の	⑤今、風	★「はい」の人はあては	⑥一緒に暮らす家	今、悩んでいることや困っていることはありませんか。	
2	2021/09/21 7:55:47		2021/09/21	1	36.0℃以下	いいえ		はい、良好です。		
3	2021/09/21 7:23:07		2021/09/21	2	36.5℃	いいえ		はい、良好です。		
4	2021/09/21 8:19:00		2021/09/21	3	36.2℃	いいえ		はい、良好です。		
5	2021/09/21 8:06:27		2021/09/21	4	36.5℃	いいえ		はい、良好です。		
6	2021/09/21 8:17:19		2021/09/21	5	36.3℃	いいえ		はい、良好です。		
7	2021/09/21 8:14:50		2021/09/21	6	36.5℃	いいえ		はい、良好です。		
8										
9	2021/09/21 7:06:41		2021/09/21	8	36.1℃	いいえ		はい、良好です。		
10										
11	2021/09/21 6:19:30		2021/09/21	10	36.7℃	いいえ		はい、良好です。		
12	2021/09/21 7:37:25		2021/09/21	11	36.5℃	いいえ		はい、良好です。		
13	2021/09/21 6:12:25		2021/09/21	12	36.1℃	いいえ	薬を飲んでいる，足の痛	はい、良好です。		
14	2021/09/21 7:11:15		2021/09/21	13	36.0℃以下	いいえ		はい、良好です。		
15	2021/09/21 6:58:53		2021/09/21	14	36.5℃	いいえ		はい、良好です。		
16	2021/09/21 8:18:04		2021/09/21	15	36.7℃	いいえ		はい、良好です。		
17	2021/09/21 7:17:35		2021/09/21	16	36.4℃	いいえ		はい、良好です。		
18	2021/09/21 8:17:51		2021/09/21	17	36.4℃	いいえ		はい、良好です。	特にないです	
19	2021/09/21 6:07:04		2021/09/21	18	36.1℃	いいえ		はい、良好です。		
20	2021/09/21 6:46:18		2021/09/21	19	36.1℃	はい	せき，のど，鼻	はい、良好です。		
21										
22	2021/09/21 8:21:18		2021/09/21	21	36.5℃	いいえ		はい、良好です。		
23	2021/09/21 8:13:30		2021/09/21	22	36.0℃以下	いいえ		はい、良好です。		
24	2021/09/21 8:01:59		2021/09/21	23	36.9℃	いいえ		はい、良好です。		
25	2021/09/21 7:24:53		2021/09/21	24	36.3℃	いいえ		はい、良好です。		
26	2021/09/21 8:02:27		2021/09/21	25	36.0℃以下	いいえ		はい、良好です。		
27	2021/09/21 8:01:30		2021/09/21	26	36.0℃以下	いいえ		はい、良好です。		
28	2021/09/21 7:25:36		2021/09/21	27	36.6℃	いいえ		はい、良好です。		
29										
30	2021/09/21 8:05:04		2021/09/21	29	36.6℃	いいえ		はい、良好です。		
31	2021/09/21 6:32:17		2021/09/21	30	36.5℃	いいえ		はい、良好です。		
32	2021/09/21 8:06:56		2021/09/21	31	36.5℃	いいえ		はい、良好です。		

上記のようなクラスごとのスプレットシートからIMPORTRANGE関数を使い，係生徒用スプレットシートに，番号や氏名のセルのみを表示させるようにした。

これにより，保健室での入力状況が係生徒用シートを閲覧共有している生徒も確認でき，学級の健康管理に寄与している。

（白石直美）

16

専門家による学習指導

専門家による学習指導での活用のポイント

遠隔教育は，実施する目的や接続先等によって，12のパターンに分類することができる[1]。本稿では，「教科等の学びを深める遠隔教育」のうち，「専門家とつないだ遠隔学習」に分類される実践事例を紹介する。

生徒の学びの中に専門家の「知」をつなげていき，生徒の学びを深めるとともに，物事を探究する上での方法や態度を具体的に触れることが期待できる。さらには，これまで関心を有していなかった分野や事柄に触れることで新たな関心を引き起こすことも期待される。また，専門家とのつながりによって，学びを教室の中に閉じ込めるのではなく，社会に開かれた学びを展開できる。しかし，そうした人材との関わりが希薄であったり，人材が地域に乏しかったりする場合には，専門家による学びの支援は，その実現が大変難しいものであった。遠隔授業によって専門家をつなぐことのポイントは，まさにこうした状況を打破するための方策として優れている点にある。

遠隔教育での専門家による学習指導を行う際には２つのポイントがある。

①実施する目的や接続する場面で専門家に求めることを，遠慮することなく明確に伝える。生徒のよりよい学びのための共通理解をもつ。
②事前の打ち合わせは入念に行う。特に，内容に関する打ち合わせは①を踏まえたものになっているかを確認するとともに，機材の接続等についても当日と同様の環境での確認を行う。

事例1 一人ひとりの探究的な学びを実現する大学教員による指導

本校中学２年から中学３年では，総合的な学習の時間において「卒業研究」として生徒一人が１つの課題を設定し，その解決を目指す探究的な学びが展開される。しかし，学年の生徒全員（本校中学１年は105名定員）を学年団の教員（おおよそ３～４人）のみでその指導にあたることはきわめて難しい。そのため，学年団に関係なく校長，副校長，養護教諭を含むすべての教員が，「卒業研究」に取り組む学年の生徒の指導にあたるという指導体制（ゼミ）を構築・展開した（そのため教員は，一人当たり５～６人の生徒を指導することとなる）。

その際，筆者が担当するゼミでは，生徒の探究的な学びの指導に関わって，東京大学大学院教授　小玉重夫氏に，Web 会議アプリを活用して継続的に参画・指導いただく実践に取り組んだ。接続及び指導に関しては，具体的に以下のような展開で進めた。

①月に１回程度，６名の生徒と担当教諭が本校の教室に集まり，その教室と東京の大学教員の自宅また研究室を接続する
②生徒が一人ずつ，「前回の指導からその日までにどのような情報を集め，どのように考えているのか」「今後どのように取組を進めていこうと考えているか」を大学教員に説明し，大学教員からの指導を受ける

なお，②の際には，Web 会議アプリでの口頭での説明に加えて，Google ドキュメントの共有の相手に大学教員を加え，文字による情報共有もできるようにした。また，この実践は新型コロナウイルス感染症の拡大以前から実施していたため，臨時休業期間中においても，生徒がそれぞれの自宅から接続するということ以外はすべて同じように実施することができた。

図1　専門家とつないだ様子

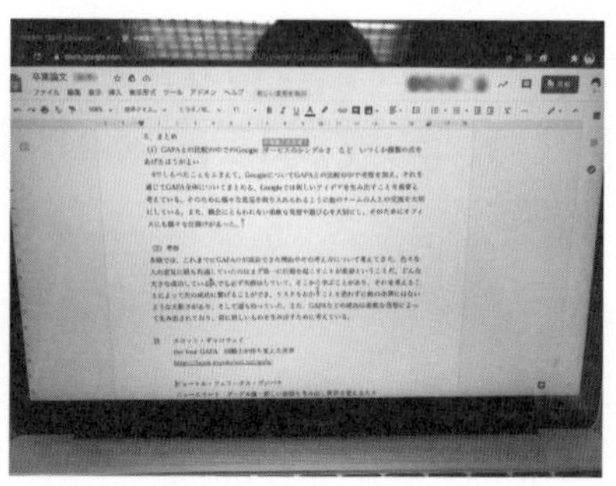

図2　共有したGoogleドキュメント

事例2　知的好奇心を高める専門家によるリレー講演会

上記の「卒業研究」をはじめとして，本校総合的な学習の時間では，生徒の興味や関心に基づいた探究的な学びの展開を大切にしている。その際，生徒が幅広い分野に触れ，新たな興味・関心をもったり，すでに興味・関心を有するものをさらに高めることを目的として，様々な分野の専門家によるリレー講演会（ツキイチプロジェクト）を実施した。図3は，2020年度に実施したツキイチプロジェクトの一覧である。なお，役職等は2020年現在のものである。

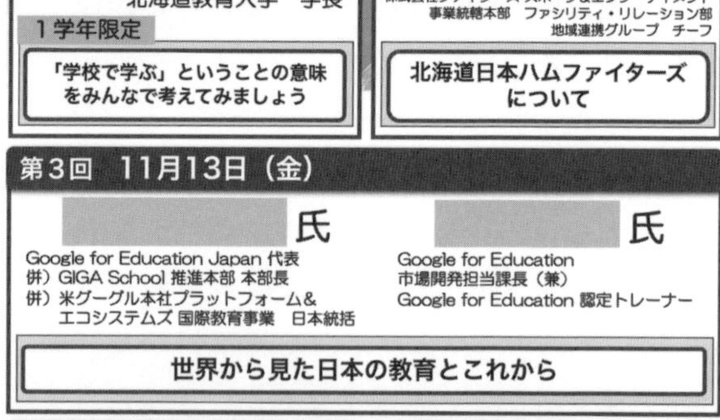

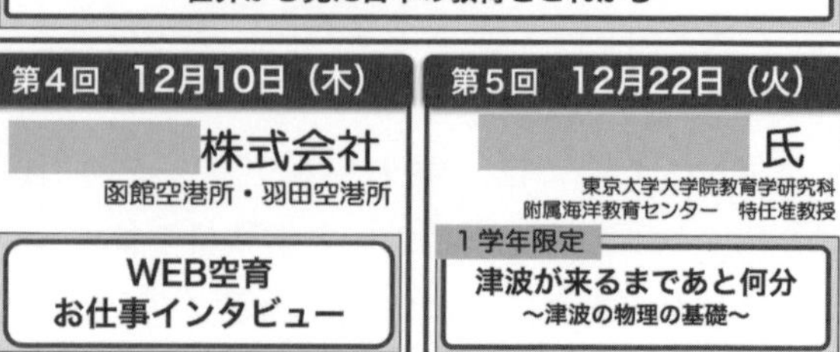

図3　2020年度ツキイチプロジェクト

ツキイチプロジェクトでは，基本的に生徒は自教室のスクリーンに投影された講演者の姿やプレゼンテーション資料を見ながら，参加する。同時に，質問や疑問に関しては，Google フォームを通して直接講演者に質問することができるようにした。これによって，これまでのような一方的な講演や，一部の生徒だけが質疑応答に参加するというような講演ではなく，双方向性のある講演を実現できるようになった。

図４　ツキイチプロジェクトの様子
（生徒は自身の端末を開いて，質問や疑問をもったときに Google フォームに入力している）

これまでの本校における実践を踏まえて，いかにして生徒の学びに加わってくださる専門家を見つけ出すか，という課題を指摘することができる。これまでにそれぞれの教員が構築したネットワーク等を活用することはもっとも実現しやすいものである一方，誰もがこうしたつながりを有しているわけではない。今後は，初等・中等教育側からの要望とともに，高等教育機関や研究機関，行政による情報の公開，さらには公的なプラットフォームの構築が望まれるのではないだろうか。

（郡司直孝）

【参考文献】

(1)文部科学省（2021）「『遠隔教育システムの効果的な活用に関する実証』遠隔教育システム活用ガイドブック（第３版）」

17

学校間交流

学校間交流での活用のポイント

遠隔教育は，実施する目的や接続先等によって，12のパターンに分類することができる[(1)]。本稿では，「多様な人々とのつながりを実現する遠隔教育」のうち，「遠隔合同授業」に分類される実践事例を紹介する。

遠隔合同授業の特徴は，他校の教室とつないで，継続的に合同で授業を行うことにある。その利点としては，これまでの学校内・学年内・学級内での関係性を超えた他者とともに議論したり，発表し合ったりすることによって，学びをさらに高めたり，コミュニケーション力を培ったりできることが挙げられる。特に，幼稚園から小学校，中学校での人間関係に大きな変化が見られない学校や学級においては，お互いの考えをはからずも予想できるものになってしまったり，発表し合う場面であっても親しい間柄であるからこそ緊張感に欠けてしまったりする状況が見られやすい。遠隔合同授業を活用するポイントは，まさにこうした状況を打破するための方策として優れている点にある。また，遠隔合同授業を行う際には，以下の３つのポイントがある。

①同期（つながっているリアルタイムの接続）だけに限定せずに，非同期のツールも活用すること
② Web 会議アプリの活用による画面上での対面の接続だけではなく，文字によって情報を共有できる環境を準備すること
③授業者どうしのチャンネル（携帯電話など）を常に確保しておくこと

事例
1 遠隔合同授業の実施準備の取組

本稿では，2019年度に４回実施した，福島町立福島中学校３年Ａ組と本校３年Ａ組による，社会科・公民的分野における遠隔合同授業に関する事例を紹介する。実施した単元は，「C 私たちと政治 ⑴人間の尊重と日本国憲法の基本的原則」（2019年９月20日），「C 私たちと政治 ⑵民主政治と政治参加」（2019年10月11日及び11月12日），「B 私たちと経済 ⑵国民の生活と政府の役割」（2019年12月５日）である。

なお，遠隔合同授業を実施した３つの単元では，遠隔合同授業を実施する前に，それぞれの学級で以下のような授業を展開した。

①両校の授業担当の教諭が Web 会議アプリや電話，メールなどを活用して打ち合わせを行い，共通の単元の指導計画を作成する。このとき，単元を通して問い続ける学習課題（「単元を貫く学習課題」）を設定し，単元の学習において，生徒に継続的に考え続けるような工夫を行う。
②共通の単元の指導計画に基づいて，それぞれの学校で授業を展開する。単元を貫く学習課題に対する生徒それぞれの考えや意見をもたせる。

事例
2 接続する両校がともにメリットを感じる学習の展開

１人１台の端末環境が整備されたことに伴って，これまでのようなテレビ会議システムなど大掛かりな機材や準備を必要とすることなく，容易に距離の離れた地点を結ぶことができるようになった。しかし，単に接続さえすれば優れた授業が展開できると考えることは適切ではない。具体的には，次のようなエピソードがある。２回目の接続が終わった後，福島中学校の生徒が授業者に対して，「附属の生徒が話すことは，すべて正しいような気がする」

と話したのである。私たち授業者はともすれば，生徒どうしを接続して普段関わることのない（少ない）他者との協議する機会を設ければ，生徒どうしが互いに学び合えると思いがちな点があり，筆者も同様に考えていた。しかし，互いにとってメリットがあり，できるだけフェアな学びが展開されるような工夫が必要なのであり，そこにこそ教員としての専門性を発揮すべきなのである。以下では，こうした学びを目指して展開した「地方自治」（「C 私たちと政治 ⑵民主政治と政治参加」2019年11月12日）について詳述する。

本単元では，遠隔合同授業を展開するねらいを以下のように設定した。

> 「地方自治」における地方自治の意義や仕組みなどの基本的な考え方や，地方財政の状況などを踏まえて，相手のまちの課題を明らかにした上で，その課題を克服するための政策案を立案し，相手のまちの住民（相手校の生徒）に提案することで，まちづくりへの一般的な視点とともに，生活者の視点によるまちづくりの重要性を理解する。

本単元では，上述のように両校で単元の指導計画やワークシート等を統一して，以下の構成で授業を展開し，④を遠隔合同授業で実施した。

> ①地方自治に関する一般的な事象を授業者が説明する。
> ②①の理解を踏まえて，相手校の地方公共団体に関する諸資料（総合計画や基本構想，予算，アンケート結果等）から相手の地方公共団体の課題を設定する。
> ③相手の地方公共団体の課題を解決する政策案を立案する。
> ④立案した政策案を相手校の生徒に伝え，政策立案者と生活者それぞれの立場から議論を行う。

特に，②から④までの取組の流れは，以下のように示すことができる。

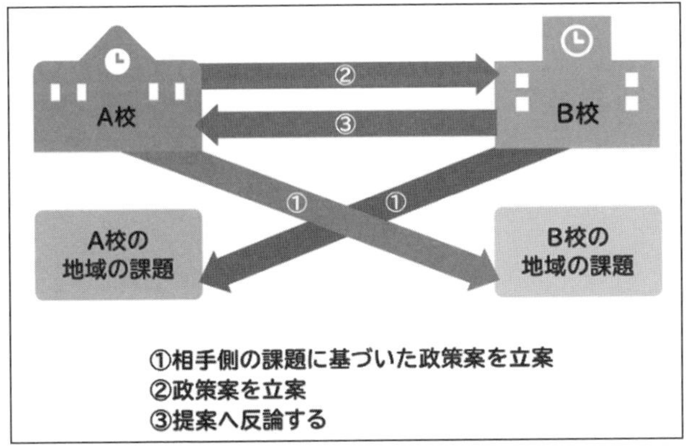

図１　「地方自治」での遠隔合同授業の展開

図２　接続までの学習の様子

図３　接続して議論する様子

本実践では，２つの異なる地方公共団体に生活する中学生どうしを遠隔によって接続し議論することのメリットを感じることができた。さらには，生活者の視点という強みをもって他者と議論できるため，学校等の違いを克服するための実践となったと考えている。

（郡司直孝）

【参考文献】
(1)文部科学省（2021）「『遠隔教育システムの効果的な活用に関する実証』遠隔教育システム活用ガイドブック（第３版）」

CHAPTER 3
BYOD／BYADをめぐる状況

GIGA端末環境も，当初の「とにかくつかってみよう」というフェーズから次のフェーズへと移行してきている。そのような中，活用にしても環境整備にしても，何を視野に入れ，見通しをもっていけばよいのか。「1人1台端末の現状」と「フェーズ3（最終フェーズ）への道」について，言及する。

（中川一史）

1

1人1台端末環境整備の現状

国のGIGAスクール構想により，これまでなかなか地方財政措置では進まなかった「1人1台端末及び高速大容量の通信ネットワーク」に関して，全国の100％近くの小学校，中学校，特別支援学校で整備された。

文部科学省から2022年に公開された「令和3年度学校における教育の情報化の実態等に関する調査結果（概要）【確定値】」[(1)]では，本調査が始まって以来初めて端末等の学習者用コンピュータの台数が児童生徒数を上回った（図1の右）。

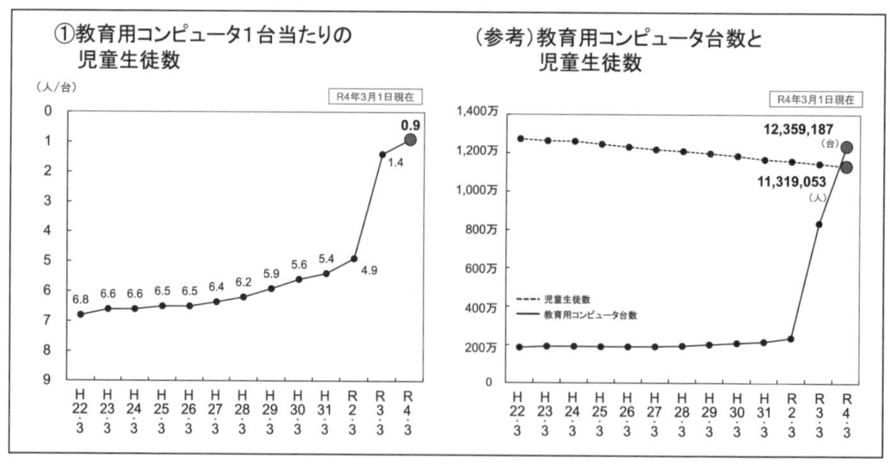

図1　教育用コンピュータと児童生徒数

中央教育審議会初等中等教育分科会が2021年に公開した，「『令和の日本型学校教育』の構築を目指して（答申）」[2]では，

「教師が支援の必要な子供により重点的な指導を行うことなどで効果的な指導を実現することや，子供一人一人の特性や学習進度，学習到達度等に応じ，指導方法・教材や学習時間等の柔軟な提供・設定を行うこと」

などの「指導の個別化」と，

「教師が子供一人一人に応じた学習活動や学習課題に取り組む機会を提供することで，子供自身が学習が最適となるよう調整」

する「学習の個性化」で構成されている，個別最適な学びと協働的な学びを一体的に充実していくことで，主体的・対話的で深い学びの実現に向けた授業改善につなげることができる（図２）。

協働的な学びは，「ICT の活用により空間的・時間的制約を緩和することができるようになることから，協働的な学びもまた発展させることができるようになる。同時に，同じ空間で時間をともにすることで感覚を働かせながらお互いに刺激し合うことの重要性も改めて認識する必要がある」としている。

もちろん，空間的な制約の緩和という意味では，学校を超えたオンラインでの活用場面もたくさん目にするようになった。しかし，空間的・時間的制約の緩和は，教室内においても起こりうる。むしろ，児童生徒個々の思いや考えを共有し，活用することで，協働的な学びの場面に寄与できる。

すでに１人１台端末の活用は，「とにかく使ってみよう」というフェーズ（図３のフェーズ１）から，効果的活用のフェーズへと移行している。

①個別最適な学び（「個に応じた指導」（指導の個別化と学習の個性化）を学習者の視点から整理した概念）

◆ 新学習指導要領では，「個に応じた指導」を一層重視し，指導方法や指導体制の工夫改善により，「個に応じた指導」の充実を図るとともに，コンピュータや情報通信ネットワークなどの情報手段を活用するために必要な環境を整えることが示されており，これらを適切に活用した学習活動の充実を図ることが必要
◆ GIGA スクール構想の実現による新たな ICT 環境の活用，少人数によるきめ細かな指導体制の整備を進め，「個に応じた指導」を充実していくことが重要
◆ その際，「主体的・対話的で深い学び」を実現し，学びの動機付けや幅広い資質・能力の育成に向けた効果的な取組を展開し，個々の家庭の経済事情等に左右されることなく，子供たちに必要な力を育む

指導の個別化

●基礎的・基本的な知識・技能等を確実に習得させ，思考力・判断力・表現力等や，自ら学習を調整しながら粘り強く学習に取り組む態度等を育成するため，
・支援が必要な子供により重点的な指導を行うことなど効果的な指導を実現
・特性や学習進度等に応じ，指導方法・教材等の柔軟な提供・設定を行う

学習の個性化

● 基礎的・基本的な知識・技能等や情報活用能力等の学習の基盤となる資質・能力等を土台として，子供の興味・関心等に応じ，一人一人に応じた学習活動や学習課題に取り組む機会を提供することで，子供自身が学習が最適となるよう調整する

◆「個別最適な学び」が進められるよう，これまで以上に子供の成長やつまずき，悩みなどの理解に努め，個々の興味・関心・意欲等を踏まえてきめ細かく指導・支援することや，子供が自らの学習の状況を把握し，主体的に学習を調整することができるよう促していくことが求められる
◆その際，ICT の活用により，学習履歴（スタディ・ログ）や生徒指導上のデータ，健康診断情報等を利活用することや，教師の負担を軽減することが重要

それぞれの学びを一体的に充実し
「主体的・対話的で深い学び」の実現に向けた授業改善につなげる

②協働的な学び

◆「個別最適な学び」が「孤立した学び」に陥らないよう，探究的な学習や体験活動等を通じ，子供同士で，あるいは多様な他者と協働しながら，他者を価値ある存在として尊重し，様々な社会的な変化を乗り越え，持続可能な社会の創り手となることができるよう，必要な資質・能力を育成する「協働的な学び」を充実することも重要
◆ 集団の中で個が埋没してしまうことのないよう，一人一人のよい点や可能性を生かすことで，異なる考え方が組み合わさり，よりよい学びを生み出す

● 知・徳・体を一体的に育むためには，教師と子供，子供同士の関わり合い，自分の感覚や行為を通して理解する実習・実験，地域社会での体験活動など，様々な場面でリアルな体験を通じて学ぶことの重要性が，AI 技術が高度に発達する Society5.0 時代にこそ一層高まる
● 同一学年・学級はもとより，異学年間の学びや，ICT の活用による空間的・時間的制約を超えた他の学校の子供等との学び合いも大切

2

図２　2020年代を通じて実現すべき「令和の日本型学校教育」の姿

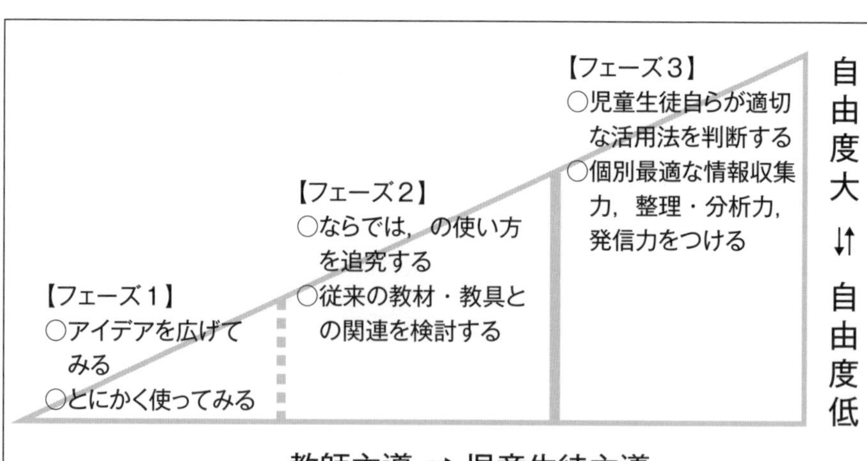

図３　端末活用のフェーズ

フェーズ１からフェーズ２にかけて，効果的な活用とあわせて，日常的にどれだけ使うかに注力した。また，授業での活用だけでなく，授業以外の活用，例えば，持ち帰って授業の延長で使ったり，委員会活動で記録をとったり，放課後に部活動で部員の動きを撮影して参考にしたりすることに使われるようになった（図４）。

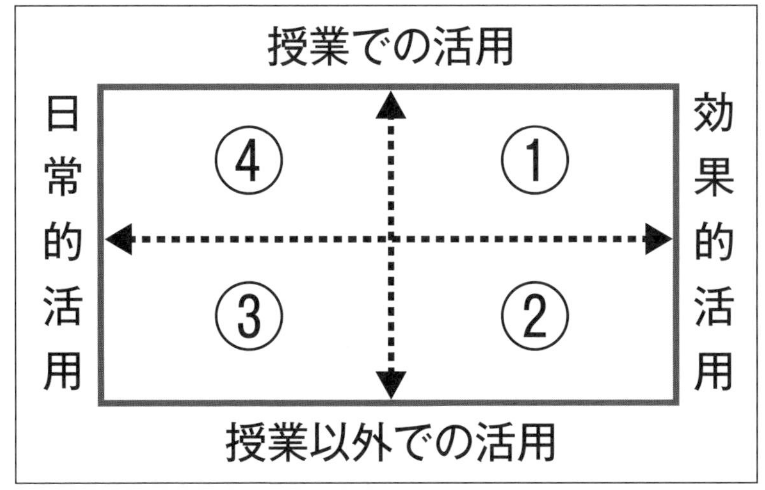

図4　2×2の活用

また，フェーズ１からフェーズ２への移行の背景には，１人１台端末の活用の「慣れ」が児童生徒はもとより，教員側にもある程度進んできていることがある。

例えば，この数年，普及し始めた学習者用デジタル教科書（児童生徒１人１台の端末で活用するデジタル教科書：図５）は，しばらく紙の教科書と併用していくことになる[3]。同時に，端末上で整理したり，紙のワークシートやノートで整理したりすることも考えられる。

つまり，この両者（ICT と非 ICT）の最適な選択と組み合わせを検討していくことになる（図３のフェーズ２）。

デジタル教科書を活用した学習方法の例

学習者用コンピュータを使用することにより可能となる学習方法の例

デジタル教科書を学習者用コンピュータで使用することにより可能となる学習方法の例を紹介します。

○は特に、特別な配慮を必要とする児童生徒等にとって、学習上役立つ機能です。

1 拡大

教科書を拡大して表示することができます。

2 書き込み

教科書にペンやマーカーで簡単に書き込むことができます。

3 保存

教科書に書き込んだ内容を保存・表示することができます。

4 機械音声読み上げ ○

教科書の文章を機械音声で読み上げることができます。

5 背景・文字色の変更・反転 ○

教科書の背景色・文字色を変更・反転することができます。

6 ルビ ○

教科書の漢字にルビを振ることができます。

6

他のデジタル教材を組み合わせて使用することにより可能となる学習方法の例

デジタル教科書と他のデジタル教材を組み合わせて使用することで、可能となる学習方法の例を紹介します。

朗読

音読・朗読の音声やネイティブ・スピーカー等が話す音声を教科書本文に合わせて確認することで、音読の学習ができます。

動画・アニメーション等

教科書に関連付けて動画・アニメーション等を使用することができます。

ドリル・ワークシート等

教科書に関連付けてドリル・ワークシート等を使用することができます。

他のICT機器等を一体的に使用することにより可能となる学習方法の例

デジタル教科書と他のICT機器等を一体的に使用することで、可能となる学習方法の例を紹介します。

大型提示装置による表示

児童生徒の手元の画面を大きく表示することができます。

ネットワーク環境による共有

学習支援ソフト等を活用し、児童生徒の手元の画面を共有することができます。

※これらの学習方法はあくまで例示であり、デジタル教科書によって使用できる機能が異なることや、学校における ICT 環境の整備状況等が異なることから、必ずしも全ての学習方法が実施できるとは限りません。

7

図５　デジタル教科書を活用した学習方法の例
（文部科学省（2022）「学習者用デジタル教科書実践事例集」より）

端末がないと授業が成立しないかと言われれば，そんなことはない。しかし，このフェーズ２から３にかけては，端末のアクセスのしやすさをどこまで追究できるかが児童生徒個々のツールとして十分に寄与できるかの鍵になる。

「しやすさ」は，以下の７つである。

その１）書きやすい・消しやすい

例えば，学習者用デジタル教科書の本文や画面には，児童生徒はよく書き込む。いくら消しゴムで消せるからといっても，デジタルで消せるのとは訳が違う。一瞬で消えることにより，思考を止めない。

その2）動かしやすい・試しやすい

協働ツールや学習支援ソフトウェアの活用などでも見られるが，自分や友達の考えに関して，デジタル付箋などを使って，考えを可視化することができる。また，シミュレーション機能で様々な角度から検討することができる。

その3）共有しやすい・連動しやすい

協働ツールや学習支援ソフトウェアを活用して，書き込んだりまとめたりした端末画面を友達と共有することができる。同時に，教師がリアルタイムに児童生徒の学習活動を確認し，助言等に生かすことができる。

その4）大きくしやすい・着目しやすい

資料を細部まで見ることができる。ということは余計な情報を排除して注目するということにもなる。また，友達などに資料を拡大し，焦点化して示すこともできる。

その5）繰り返しやすい・確認しやすい

ドリルや英語のネイティブの発音，漢字の練習など，個人のペースで繰り返し練習したり，音声を止めたりすることができる。

その6）残しやすい・比べやすい

データとして残るもの（児童生徒のストロークデータ）を，授業中あるいは授業後に，教師があるいは児童生徒が活用することが考えられる。これは特に，今後教育データと連動することで，さらにやりやすくなるであろう。

その7）説明しやすい・まとめやすい

これまでの紙のメモやICTでのプレゼンの使い方では，メモはメモ，プレゼンはプレゼンだった。しかし，学習者用デジタル教科書や協働ツールなどで，自分なりに書き込んだりまとめたりすると，書き込んだもの・まとめたものを見せる羽目，説明する羽目になった。つまり，これらのシームレスなツールが登場してきた（図6）。

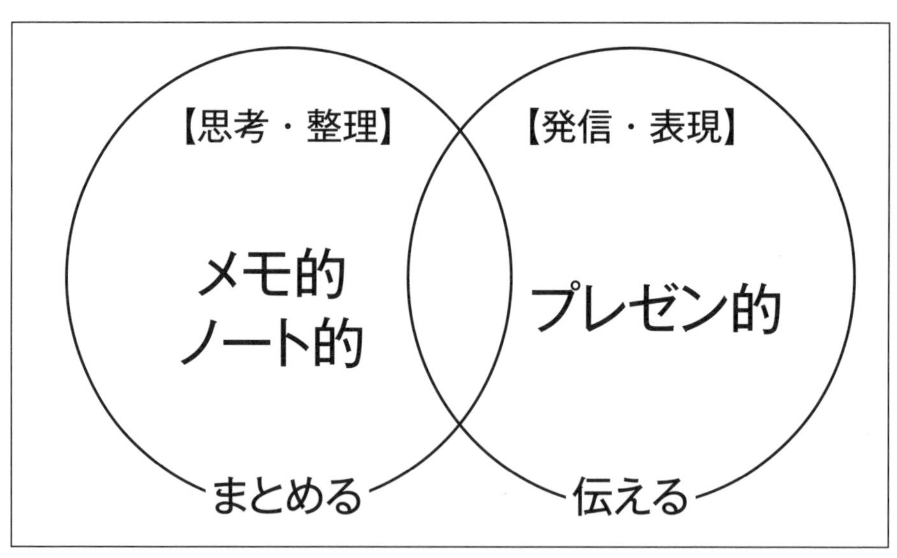

図6　シームレスな活用

しかし，児童生徒全員がいつも手元に１人１台端末が学習等に使える状態にあるということの本丸は，図３のフェーズ３にあると筆者は考える。フェーズ２でも紙とデジタルの選択・組み合わせは起こるものの，まだ教師がツールの活用についても指示をしたりする場面も少なくない。しかし，フェーズ３では，児童生徒自身がその最適な選択を判断していくことになる。

（中川一史）

【参考文献】

⑴文部科学省（2022）「令和３年度学校における教育の情報化の実態等に関する調査結果」
https://www.mext.go.jp/a_menu/shotou/zyouhou/detail/mext_00026.html
（2022.12.07取得）

⑵文部科学省（2021）「『令和の日本型学校教育』の構築を目指して～全ての子供たちの可能性を引き出す，個別最適な学びと，協働的な学びの実現～（答申）」
https://www.mext.go.jp/b_menu/shingi/chukyo/chukyo３/079/sonota/1412985_00002.htm
（2022.12.07取得）

⑶文部科学省（2022）「学習者用デジタル教科書実践事例集」
https://www.mext.go.jp/content/20220427-mxt_kyokasyo02-000022288_01.pdf
（2022.12.07取得）

2

フェーズ3への道

では，フェーズ３に移行するにあたり，そのポイントはなんであろうか。筆者は，４つのポイントを挙げたい。

ポイント１）教員の意識改革

これがある意味，一番険しい山なのかもしれない。これまでの「一斉授業中心」から「子ども主体の学び」へ，「教え込む」から「学び取る」への転換を進めていく必要があるからだ。

例えば，端末の活用についても，一斉に使うことが当たり前という風潮は強い。「はい端末出して！」という教師の号令で，児童生徒全員で端末を使い，同じアプリしか使うことは許されない。必要なくなったら，「はい端末しまって！」という号令のもと，一斉にしまう。もちろん，一斉に使うことがダメだと短絡的なことを言っているのではない。すべての授業はそうなのか，いつまでそうなのか，ということを問うている。

筆者はよく教員等に講演をすることがある。その際，メモをとられる方がいるが，ある方はPCを開きそこに打ち込み，ある方はペンで近くの紙にメモされている。じっくりと確認しているわけではないが，そのメモの仕方も書きっぷりも様々であろう。ある方はアンダーラインを引き，ある方はキーワードのみを書いている。つまり，端末で入力をすることが目的ではなく，自分の思考が深まるよう，後で参考にできるよう，メモをとるのだ。そのツールは，自分に合ったもの，そのとき最適であるものを使えばよいだけだ。大人はこういうことの制限がないのに，児童生徒は，決められた時間しか使えない。

こう考えると，これまでの学習規律そのものを立ち止まって再考してみることも必要になる。そのきっかけに端末環境がなれば，と思う。

ポイント2）教員集団の共通理解

そして，ポイント1で述べたことは，ある教員だけがそうなればよいというわけではない。教員集団の共通理解が必須である。管理職やミドルリーダーが中心となり，学校全体に広げていく。研究テーマを掲げ，授業公開研究会をしたり，本校のように成果物（今回は書籍）をチームで作り上げたり，教員研修を定期的に行うなどが考えられる。ただ，このようなフォーマルな共通理解の場ばかりではなく，ミドルリーダーの授業を見てもらうとか，職員室で話題にするなど，インフォーマルなアプローチも有効である場合も少なくない。

ポイント3）児童生徒の情報活用能力等の向上

フェーズ3の充実には，児童生徒の情報活用能力が向上することも必須である。

情報活用能力は，

> 「世の中の様々な事象を情報とその結び付きとして捉え，情報及び情報技術を適切かつ効果的に活用して，問題を発見・解決したり自分の考えを形成したりしていくために必要な資質・能力」
>
> （中学校学習指導要領解説総則編）

であり，学習指導要領により，言語能力とともに「学習の基盤となる資質・能力」と位置付けられ，教科・領域横断的に身につけていくものであり，また，ICT 活用に限ったことではない（図1）。さらに，「情報活用プロセス」

（図２）のそれぞれのプロセスにおいて，各学校で，どのように具体と段階を各学校でイメージ・共有していくかが重要である[1]。

ポイント４）ICT 環境の検討

GIGA スクール構想前は，多くの学校のコンピュータといえば，コンピュータルームに約40台のコンピュータがあり，それを「共有」していた。しかし，１人１台端末環境になり，「占有」のコンピュータとなった。フェーズ３には，いつでもどこでも自由に活用できる端末等が必要であり，それは本校のような個人所有になれば，卒業時に学校に返還する必要もなくなり，文字通りさらに個人ツールとなる可能性が高い。

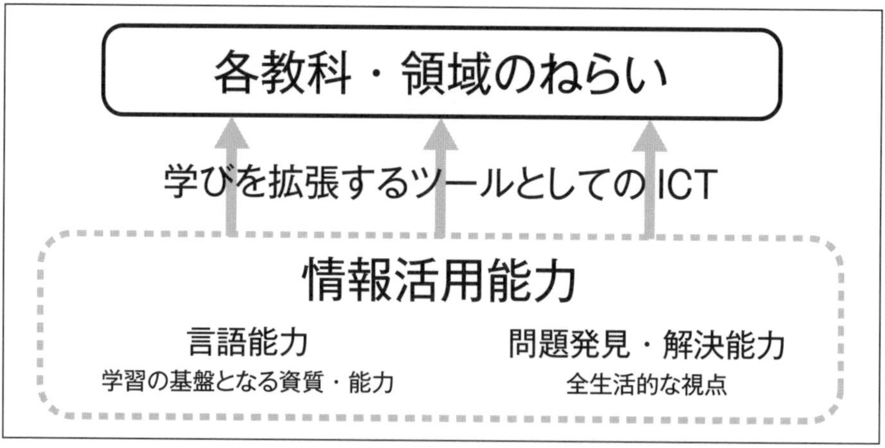

各教科・領域のねらい

学びを拡張するツールとしての ICT

情報活用能力

言語能力
学習の基盤となる資質・能力

問題発見・解決能力
全生活的な視点

図１　学習の基盤となる資質・能力としての情報活用能力

図２　情報活用プロセス（日本教育情報化振興会：小学校版情報活用能力ベーシック）

（中川一史）

【参考文献】

⑴日本教育情報化振興会（2020）「小学校版情報活用能力ベーシック」
https://www.japet.or.jp/wp-content/uploads/2021/11/pamphlet_Spread_Low.pdf
（2022.12.07取得）

3
端末等更新の今後の3つのパターン

端末はどんどん古くなるし，使っていくと当然ながら消耗もする。また，故障なども起こりやすくなる。端末等の学習者用コンピュータの機器更新となると，自治体や学校の選択肢は主に３つである。

パターン１）自治体更新

現在のところ，これがオーソドックスな選択なのかもしれない。一律で同じ機種の端末等が児童生徒に貸与される。デジタル教科書の導入も教科によっては始まっているので，そのような意味においても，堅実な方法と捉えることもできる。しかし，前述したフェーズ３での活用は同じデバイスである必要はないし，何よりも，未来永劫に全国すべての自治体が児童生徒全員の端末等を用意し続けられるとは思えない。

パターン２）端末が朽ち果てるまでそのまま

自治体で更新のタイミングを逸してしまうパターンである。そのうち故障などで使えなくなる端末が増えてしまう。

パターン３）自己所有・保護者負担

このパターン３自体も，３つくらいのタイプがある。本書の CHAPTER 1 で解説のあった　BYOD（Bring Your Own Device：個人所有の端末等を自由に持ち込む）と，BYAD（Bring Your Assigned Device：自治体や学校が指定する端末等を購入する）に加え，CYOD（Choose Your Own Device）と言われる，自治体や学校が指定したいくつかのデバイスから選択するというやり方もあるが，これはBYADと区別なく語られることもあるし，そもそもすべてを総称してBYODと語られる場合もある。また，BYADやCYODに関しても，月々の支払い（積立方式）のケースもあれば，入学時に一括支払いというケースもある。

パターン１（自治体更新）とパターン３（自己所有・保護者負担）は，どのように違うのか。

パターン１（自治体更新）は，学校や教育委員会で一元管理ができるし，保護者の負担も抑えられる。学校では統一したソフトウェアやシステムが稼働し，教員研修もこれらについて行うので，苦手な教員も参加しやすい。ただし，児童生徒側からすると，ガッチリと管理されて自由に使えないことが起こる可能性もあるし，そもそも先に述べたように，いつまでも自治体で全児童生徒分を整備できる予算的保証はまったくない。自治体自身は，自治体負担の削減と学習環境の整備をどのように両立するかということがいつまでもついてまわる課題となる。

一方，パターン３（自己所有・保護者負担）の場合は，端末等の所有者は個人であるため，教育委員会や学校側が端末等を用意する必要がなくなる。また，個人所有なので，自分が使いたいアプリを入れるなど，選択の自由度が高くなる可能性が広がる。さらに，卒業後も個人の持ち物なので，児童生徒が継続して端末等を使用できることになる。

反面，自己所有・保護者負担のデメリットもある。まず，管理が不十分だと情報漏洩の可能性も出てくるので，セキュリティをどうするのかという課題がある。端末を一元的に管理するサービスであるMDM（Mobile Device Management）等の活用も考えられ，使用できるアプリの制限もかけられる。しかし，下手をすると，いつでもどこでも自由に使える自己所有のよさが半減してしまう。

次に，特にBYODの場合，様々な端末等デバイスになることで，教師や学校側のトラブル対応が大変になるということが起こる。ここに各学校の教員や教育委員会はどこまで対応できるのか。最後に，自己所有・保護者負担になった場合，経済格差にどう対応するかという課題がある。自治体が個別に支援を行ったり，積み立て式など支払い方法を工夫したりすることなどが考えられる。また，経済的なことだけでなく，保護者への理解を十分にもってもらう努力をしっかりと行っていく必要がある。

いずれにしても，本校で大事にしてきたように，校内職員の情報共有・連携・協働は最重要課題である。本校の成功は，この部分が大きいと筆者は考える。

今後，社会状況を鑑みながら，メリット・デメリットを視野に入れ，なんのためにどんな方法がベストなのか，十分な議論を早い段階で行っていくことが重要である。

（中川一史）

【参考文献】

・中川一史編著（2021）『小学校国語「学習者用デジタル教科書」徹底活用ガイド』明治図書
・中川一史・村井万寿夫・小林祐紀編著・監修（2022）『GIGA スクール構想［取り組み事例］ガイドブック　小・中学校ふだん使いのエピソードに見る１人１台端末環境のつくり方』翔泳社
・中川一史・赤堀侃司編著（2021）『GIGA スクール時代の学びを拓く！PC１人１台授業スタートブック』ぎょうせい
・中川一史・小林祐紀・兼宗　進・佐藤幸江編著・監修（2020）『カリキュラム・マネジメントで実現する学びの未来 STE(A)M 教育を始める前に［カリキュラム・マネジメント実践10］』翔泳社

おわりに

北海道教育大学附属函館中学校での BYOD／BYAD に係る取組の具体については本編に詳しいが，本実践には本校のすべての教員が関与していることはもとより，ICT の利活用は本校の教育活動の基盤となっていることがおわかりいただけたかと思う。ICT の利活用に係る技能については，すべての教員がはじめから習得しているものではなく，日々の教育活動を進める中で，必要に迫られて身につけてきたものであり，このことは現在も進行中である。よって，本書の執筆に当たっては，成功例のみならず，数々の失敗例をも内在していることを踏まえて，広く我々の取組を今後の参考にしていただきたい，という思いを共有した上で進めてきた。

本校での BYOD／BYAD を前提とした取組の中では，空間的・時間的にシームレスな教育活動を展開する教員の姿や，端末自体を特別視することなく，個人所有のノートや鉛筆などの学習用具と同様の感覚で活用しながら，各教科等で育成を目指す資質・能力に正対して学ぶ生徒の姿を目にすることができる。現状で利活用可能なデジタルツールに対しては，正直なところ，「もっとこんなことができたら……」という教員や生徒たちの声がないわけではない。教育現場におけるデジタル学習環境の整備に当たっては，今後も国や自治体等の積極的な取組が望まれる。

新しい時代を担う子供たちに対して，ICT を利活用した教育の充実は必要不可欠である。本書が，ミライ（未来）の学校での端末活用の在り方を探るための一冊になれば幸いである。

2023年６月

北海道教育大学附属函館中学校副校長　黒田　諭
（元文部科学省国立教育政策研究所学力調査官／教育課程調査官）

【執筆者一覧】 ＊執筆順，2023年３月末現在

中川　一史　放送大学教授
黒田　　諭　北海道教育大学附属函館中学校副校長
金子　智和　北海道教育大学附属函館中学校
松下　　賢　北海道教育大学附属函館中学校
中村　吉秀　北海道教育大学附属函館中学校長
森谷　　剛　北海道教育大学附属函館中学校
郡司　直孝　北海道教育大学附属函館中学校
櫻川　祥貴　北海道教育大学附属函館中学校
須藤　健吾　北海道教育大学附属函館中学校
村上　浩平　北海道教育大学附属函館中学校
匂坂　卓雄　北海道教育大学附属函館中学校
山下　尚也　北海道教育大学附属函館中学校
坂見　　明　北海道教育大学附属函館中学校
有金　大輔　北海道教育大学附属函館中学校
濱地　文恵　北海道教育大学附属函館中学校
鈴木　秀俊　北海道教育大学附属函館中学校
福留　志織　北海道教育大学附属函館中学校
白石　直美　北海道教育大学附属函館中学校

【編著者紹介】
中川　一史（なかがわ　ひとし）
放送大学教授・博士（情報学）。専門領域はメディア教育，情報教育。主な研究テーマとしては，国語科教育における情報・メディア，デジタル教科書活用の研究など。札幌市出身。

北海道教育大学附属函館中学校
（ほっかいどうきょういくだいがくふぞくはこだてちゅうがっこう）
〒041-0806　北海道函館市美原3-48-6

１人１台端末活用のミライを変える！
BYOD／BYAD 入門

2023年７月初版第１刷刊
©編著者　中川一史
北海道教育大学附属函館中学校
発行者　藤原光政
発行所　明治図書出版株式会社
http://www.meijitosho.co.jp
（企画）木山麻衣子（校正）丹治梨奈
〒114-0023　東京都北区滝野川7-46-1
振替00160-5-151318　電話03(5907)6702
ご注文窓口　電話03(5907)6668

＊検印省略
組版所　長野印刷商工株式会社

Printed in Japan　ISBN978-4-18-361137-6
もれなくクーポンがもらえる！読者アンケートはこちらから
→